LE DEMI-MONDE

SOUS LE

SECOND EMPIRE

DU MÊME AUTEUR

LA SOCIÉTÉ PARISIENNE.
MONDES PARISIENS.
PARISIENS ET PARISIENNES EN DÉSHABILLÉ.
LA GRANDE VIE DE PARIS.
LA PARISIENNE AU POINT DE VUE DE L'AMOUR.
INCONVENANCES SOCIALES.

ÉMILE COLIN — IMPRIMERIE DE LAGNY

ZED

LE DEMI-MONDE

SOUS LE

SECOND EMPIRE

SOUVENIRS D'UN SYBARITE

PARIS
ERNEST KOLB, ÉDITEUR
8, RUE SAINT-JOSEPH, 8

Tous droits réservés

Le titre le dit, n'est-ce pas ? C'est toute notre jeunesse.

Beaux jours envolés, temps trop vite écoulé, où l'on jouissait infiniment plus de la vie qu'aujourd'hui ; où il y avait, à Paris, moins de collégiens blasés et moins de jeunes vieillards. Monde à jamais disparu, femmes dont le moule est brisé et dont ceux qui ne les ont point connues ne se font qu'une imparfaite idée.

Ce monde, je l'ai vu ; j'ai vécu de sa vie étourdissante. Ces femmes, je les ai admirées dans toute leur splendeur et toute leur gloire. J'en ai gardé le souvenir et j'ai essayé d'en fixer les traits avec autant de simplicité et de fidélité que possible; rien de plus.

Mon livre est sans prétention. Il n'a d'autre mérite que la sincérité et l'exactitude. Est-ce suffisant pour me permettre d'espérer qu'il sera accueilli avec la même bienveillance et la même faveur que mes précédents ouvrages?

Au lecteur de répondre.

Z.

LES GRANDES COURTISANES

I

Les grandes cocottes des années de corruption. — Le salon d'Adèle Courtois. — Influence d'une génération d'hommes à la mode sur les grandes courtisanes de l'époque. — Leurs procédés avec le sexe laid. — Aphorisme rempli d'astuce de l'une d'entre elles. — Giulia Barucci. — Influence d'un collier de perles sur un étudiant. — Barucci et les militaires. — Une revue fantaisiste au camp de Châlons. — Nuits orageuses. — Le numéro 124 de l'avenue des Champs-Elysées.

Plus des trois quarts des *dix-huit années de corruption* se sont écoulés joyeusement. Nous sommes en plein dans le tourbillon du luxe, de plaisir et de franche gaieté qui nous emporte, dans une course folle et enivrante, vers un inconnu que nous voyons en rose. Le présent nous enchante, l'avenir semble nous sourire.

Paris est radieux, élégant, pimpant, raffiné, animé. Paris s'amuse à tire-larigot. Chez ces dames de la haute bicherie, les fêtes succèdent aux fêtes; les nuits agitées et capiteuses, aux soupers étourdissants et endiablés...

Au coin du boulevard des Capucines — où tous les grands magasins, étincelants de lumières, sont ouverts jusqu'à minuit — et de la rue Caumartin, au premier étage d'une belle maison bâtie en rotonde, brillent, tous les soirs, les vastes fenêtres d'un appartement dont on devine, du dehors, la somptueuse recherche et l'arrangement de bon goût.

C'est là que trône, en souveraine de la mode et de la vie à outrance, une superbe créature qui s'est illustrée dans la galanterie, qui n'est déjà plus de la première jeunesse et qui s'appelle — saluez, messieurs! — Adèle Courtois.

C'est là que se donnent rendez-vous et que se réunissent, entourées de leurs cavaliers ordinaires, autant dire de toute la jeunesse dorée, les dix ou douze courtisanes de marque qui mettent Paris sens dessus dessous, tiennent le haut du pavé de la bamboche aristocratique, mènent un train de princesses et attellent successivement à leur char tous les viveurs de distinction, tous les richards des deux hémisphères, tous les jeunes seigneurs *di primo cartello* qui brûlent la chandelle par les deux bouts.

C'est là que viennent causer et papoter, que viennent, en toilettes délirantes et dans une atmosphère d'opoponax, tendre aussi leurs filets : Constance Rézuche, Juliette Beau, Anna Délion,

Giulia Barucci, Lucile Mangin, Adèle Rémy, Esther Duparc, Catinotte, Marguerite Bellengé, Emma Vally, Soubise, et quelques autres de moindre importance.

Un joli lot de femmes, je vous en réponds, et un lot de rudement jolies femmes, qui n'engendrent pas la mélancolie, par-dessus le marché ! Ce qu'elles sont gaies, ce qu'elles sont amusantes, ce qu'elles sont excitantes et désirables, ce qu'elles ont envie de rire, de plaire, de mordre à la pomme à pleines dents est impossible à décrire.

Chez elles, pas la moindre préoccupation de l'avenir, pas l'ombre d'envie de se faire des rentes, d'épargner pour leurs vieux jours. Elles n'y pensent même pas. Elles croquent des fortunes sans y prendre garde, elles gaspillent, avec désinvolture et insouciance, l'or qu'on leur jette à pleines mains et, en véritables et grandes courtisanes qu'elles sont, la dèche ne les effraie ni ne les abat. La médiocrité seule, l'existence bourgeoise leur ferait horreur.

Ce sont des joueuses, et de belles joueuses, tenant le coup jusqu'au bout et ne songeant point au lendemain. Elles feront sauter la banque ou elles recommenceront la lutte par les premiers échelons. Elles risqueront toujours le tout pour le tout, s'arrêtant par-ci, par-là pour faire l'école buissonnière, pour satisfaire leurs fantaisies et leurs caprices. Elles mourront, peut-être, de la poitrine à l'hôpital, ou elles seront ouvreuses de loges à l'Opéra ; mais tant qu'elles auront des charmes et de la santé, elles n'abdiqueront point, elles se refuseront énergiquement à accepter la déchéance.

Libres d'allures et de propos, libertines, gaudrioleuses, dévergondées même, si l'on veut, à l'occasion, friponnes dans le tête-à-tête, elles le sont assurément, et de la plus complète, de la plus voluptueuse façon du monde... Mais, à côté de cela, une certaine distinction naturelle dans les manières, un je ne sais quoi de bonne compagnie ayant jeté son bonnet par-dessus les moulins sans tomber dans le vulgaire et la grossièreté, une culture intellectuelle souvent au-dessus de l'ordinaire, une intuition très vive de l'élégance et du raffinement, de la valeur intrinsèque et de l'agrément personnel — indépendants de la valeur vénale — des messieurs à qui elles ont affaire, les font ressortir comme des types originaux, des individualités à part aussi éloignées de la fille publique que de la femme du monde dans le mouvement et leur impriment un cachet particulier.

Ce cachet elles le doivent, en grande partie, à la génération d'hommes éminemment spirituels, distingués, d'une exquise politesse et d'une incomparable élégance, avec lesquels elles ont débuté, prospéré, batifolé et dont la fréquentation habituelle les a initiées, sans qu'elles s'en doutent, à bien des nuances, a façonné leur esprit et tracé, jusqu'à un certain point, la direction de leurs idées.

Les frottements avec des cavaliers tels que les M....y, les M.....yon, les Guy de La T...r du P...n, les Charles de M....ay, etc., qui ont fait, à Paris, la pluie et le beau temps et gouverné la mode sans contrôle, qui, dans leurs plus bruyantes fredaines, n'ont jamais perdu de vue l'impeccable correction et la hauteur aristocratique, poussée, parfois, jusqu'à l'impertinence (que l'on sait avoir été un des traits caractéristiques de leur dandysme) a fortement agi sur les moins jeunes de la bande, qui conservent toute l'influence, donnent le *la* à leur milieu et maintiennent la tradition parmi les nouvelles.

Si bien, qu'aux yeux de ces cabrioleuses, qui sortent plus souvent du faubourg Antoine que de la cuisse de Jupiter, on n'a de prestige que si on appartient à la crème, on n'est apprécié et bien traité que si on fait partie de cette centaine, tout au plus, de seigneurs de mirifique encolure qui tiennent seuls le haut du pavé et éclipsent, au point de le faire rentrer sous terre, tout ce qui n'est pas de leur essence.

Ce n'est pas que ces dames, qui ont besoin d'argent pour entretenir un luxe qui dépasse tout ce que l'on peut rêver et pour ne point laisser péricliter le chic qui contribue à leur grande renommée, dédaignent de rançonner à merci les rastaquouères opulents et les marchands de porc salé enrichis dans la charcuterie. Il faut même leur rendre cette justice qu'elles le font sur une vaste échelle et sans le moindre scrupule. Seulement, elles n'affichent jamais cette catégorie d'amants sérieux. Elles ne les voient qu'en tête-à-tête, en catimini, aux heures du travail et ne les admettent point à leurs petites fêtes, où ils seraient, d'ailleurs, fort empêtrés de se rencontrer avec de beaux messieurs qui leur tourneraient carrément le dos.

Elles professent cette opinion remplie d'astuce que c'est en arborant le dessus du panier du sexe laid qu'on aguiche le gogo, et elles se montrent partout escortées par les *cocodès* en renom pour allumer et prendre les tompins piastreux.

Un de mes amis a été, pendant deux ans, l'amant de Barucci, chez laquelle il passait la plupart de ses nuits, en retour d'une loge, d'un dîner et d'un bijou de temps à autre, sans savoir qu'elle avait alors pour protecteur attitré un vieux monsieur qu'il rencontrait tous les jours au cercle. Elle n'y faisait jamais la plus petite allusion et mon ami ne l'a pas trouvé une seule fois en travers de son chemin...

— Voyez-vous, dit-elle sans cesse, avec son air bon enfant et son inimitable accent italien, vous autres, vous ne nous donnez pas beaucoup d'argent, mais vous nous en rapportez plus que vous ne pensez. Et *pouis*, vous êtes gentils, amoureux, enragés, la tête sur l'oreiller ; et on s'*amouse* au moins avec vous !

Une singulière et captivante fille, au surplus, que cette Giulia Barucci, qui nous est venue d'Italie un beau matin et qui, de suite, a conquis un des premiers rangs, si ce n'est le premier, dans le monde galant ; un parfait modèle de courtisane romaine, qui respire le sensualisme et la volupté par tous les pores, unique dans son genre et qui restera comme la personnification, comme la plus complète expression de la grande cocotte de son époque.

Qu'on se figure une brune plantureuse aux traits réguliers rehaussés par un teint mat et qu'encadre une luxuriante chevelure d'un noir d'ébène. Avec cela, de grands yeux noirs, à la fois pénétrants, durs par instants, et langoureux, des narines ouvertes et frémissantes comme celles d'un cheval de race, une bouche lascive, une poitrine bombée, une gorge haut plantée et vigoureuse, un corps moulé, de la tête aux pieds, comme une antique, une taille élancée, une stature au-dessus de la moyenne, un port de reine...

— Jé souis la Vénous de Milo ! Jé squis la première p.... dé Paris ! s'écrie-t-elle, à tout bout de champ, dans son jargon, qui, à vrai dire, la dépare un peu ; de même que sa voix forte, au timbre sonore et dur des organes méridionaux.

Des bijoux, elle en a à satiété — pour plus d'un million à ce qu'on assure. Ils sont renfermés dans un coffre qu'elle montre volontiers à ses préférés, éblouis et fascinés par tant de splendeurs et dans lequel elle ne serre que rarement le collier de perles estimé deux cent mille francs, le collier *historique*, que l'on voit tous les soirs sur ses blanches épaules.

Celui-là, elle ne s'en sépare guère ; elle le porte, pour ainsi dire, jour et nuit, comme une armure de combat et elle le met sous son traversin lorsque sonne l'heure du berger...

On prétend qu'un soir, égarée, après minuit, dans un modeste rez-de-chaussée du quartier Latin, où l'avait conduite une toquade pour un étudiant, dont la jeunesse et les avantages physiques l'avaient séduite et où elle était allée, comme toujours, parée de son inséparable collier, quand le pauvre garçon la vit le dégrafer négligemment et le fourrer à sa place habituelle, il fut tellement abasourdi, tellement troublé, tellement préoccupé de sentir sous sa tête un tour de cou de cette importance, que, malgré sa verve amoureuse, il resta court... et... fut ignominieusement congédié le lendemain avec tous les honneurs dus à sa timidité...

C'est qu'elle est passionnée à l'excès, cette Aspasie, passionnée pour de bon, et que, n'aimant pas à flâner dans la ruelle, elle méprise les non-valeurs. Et quelle puissante organisation ! quelle fertilité d'imagination ! quel tempérament d'acier ! quelle prodigieuse activité !...

Tous les six mois, au moins, sans négliger les choses essentielles, sans perdre de vue le solide, elle est empoignée et subjuguée, à en avoir la tête à l'envers, par un amour violent, farouche, exalté, parfaitement exclusif et parfaitement sincère, jusqu'au moment où il est remplacé par un autre non moins exclusif et non moins sincère.

Tous les jolis garçons de Paris un peu en vue, tous les hommes à bonnes fortunes du *Jockey* et du *Petit-Club* y ont successivement passé. Tous ont été plus ou moins longtemps idolâtrés, selon leurs mérites et tous — détail caractéristique — sont restés les amis de cette admirable maîtresse.

Ce qui a, surtout, le don de l'attirer et de la charmer, la bonne Giulia, c'est le pantalon rouge, porté, il est vrai, par la fine fleur des élégants et des jeunes gens que s'arrachent les beautés faciles de tous les mondes. Depuis les étincelants guides de la garde, qui ouvrent la marche, jusqu'aux magnifiques cent-gardes, qui la ferment, en passant par les coquets lanciers, tout ce qu'il y a d'officiers remarqués et lancés, tout ce qui mène la grande vie et courtise les belles, a défilé dans son... boudoir et filé à ses pieds comme Hercule aux pieds d'Omphale.

Ses amours persistants sont des épopées. Elle suit pas à pas son objet avec une jalousie de tigresse, surveillant l'emploi de son temps et ne lui laissant pas une heure de liberté. Elle quitte tout pour aller le voir à Melun ou à Compiègne et passe plusieurs jours de suite dans sa garçonnière. Elle va jusqu'à se faufiler, entre chien et loup, dans la chambre de service de l'officier commandé d'escorte aux Tuileries et, comme un beau soir elle s'y est oubliée jusqu'au lever de l'aurore, il faut recourir aux autorités pour la faire sortir. Le bruit de l'aventure arrive jusqu'à l'Empereur, qui en rit beaucoup, du reste.

Une autre fois, elle débarque, à l'improviste, au camp de Châlons avec sa sœur.

Le maire du Mourmelon, qui, à l'aspect de ces deux dames, en toilettes ébouriffantes, suivies de deux femmes de chambre et d'incommensurables colis, ne doute pas un seul instant qu'il ait affaire à des cotillons de haute distinction, les loge chez lui et les entoure de toutes sortes de prévenances respectueuses, les traitant, jusqu'à la fin, comme deux jeunes mariées.

Le plus joli de l'histoire est que les grands chefs, complices volontaires de la méprise, ont fait jouer la musique pour elles et leur ont permis d'inspecter le camp, ravi de cette aubaine, comme on pense. On en a parlé longtemps à l'Ecole Militaire...

On a beaucoup parlé aussi, depuis, d'un épisode assez piquant de l'existence amoureuse de Barucci. Il paraît qu'un jour, étant la maîtresse d'un sémillant écuyer de l'empereur, fort épris d'elle, elle fit par hasard la connaissance d'un sous-lieutenant, ami particulier de son amoureux en pied, qui lui donna, sur-le-champ, fortement dans l'œil. Le soir même, il couronnait la flamme de sa conquête — ça ne traînait pas avec elle, — ne soupçonnant point, bien entendu, ses relations avec son camarade.

Mais, lorsqu'il les apprit deux jours après, bourrelé de scrupules et de remords, et n'ayant, d'ailleurs, nullement l'intention de s'éterniser dans les bras de la Barucci, il mit en avant les devoirs de l'amitié et s'empara de ce prétexte pour essayer de filer. C'était compter sans son hôte. Giulia, carrément pincée et inassouvie, rugissait comme une lionne; les nuits se passaient moitié à des épanchements fous, moitié à des scènes dramatiques, pendant lesquelles la superbe fille, les cheveux épars, presque nue, se dressait sur son séant et s'écriait avec un accent terrible et comique tout ensemble : « *Non, tou ne m'aimes pas commé jé t'aime! Ah! la canaille dé X...!* » (c'était l'amant trompé qu'elle voulait désigner par là). *Jé mé vengérai dé loui!...*

Ce ne fut qu'au bout de quinze jours de cet exercice violent que l'heureux mortel, trop aimé, parvint à se dérober par une fuite savante aux recherches désespérées de sa Dulcinée. Le malheur est que, sur les entrefaites, le premier occupant ayant tout découvert, avait, lui aussi, pris la poudre d'escampette. De sorte que la pauvre

Giulia resta entre deux hommes et le dos par terre — ce dont elle ne garda rancune ni à l'un ni à l'autre.

On assure que l'anecdote, racontée dans les plus grands détails, par un chambellan indiscret, à l'impératrice, l'a énormément amusée.

Tout-Paris fashionable, tout ce qui compte dans la société, connaît le 124 de l'Avenue des Champs-Elysées, le célèbre appartement de Giulia, où elle ne donne pas que des rendez-vous d'amour et où elle reçoit clandestinement, à ses moments perdus, de puissants personnages qui lui révèlent des secrets gardés avec une scrupuleuse discrétion, à qui elle rend des services quelquefois très importants et qui ne craignent pas de s'adresser à elle dans les circonstances délicates.

Il a vu, cet appartement, des soirées houleuses telles que celles où le duc de G.. t-O....sso a pris la main dans le sac le tricheur de profession Calzado ! Il a vu aussi... de *grandes et honnestes dames* du meilleur cru arriver mystérieusement dans la grande chambre à coucher, au lit monumental, tout garni de valenciennes, dans le boudoir capitonné encombré par un fantastique jeu de divans, et s'y livrer à des parties carrées abracadabrantes, sans jamais avoir été trahies par celle à qui elles s'étaient confiées.

Étrange créature, aussi sérieuse, aussi honnête, aussi sûre, sous certains rapports, qu'écervelée, naïvement cynique et franchement dévergondée sous d'autres, et pour laquelle l'enthousiasme masculin est tel, qu'elle inspire à des diplomates, à des noceurs à tous crins, des madrigaux comme celui-ci :

> Tes bijoux, Giulia, sont vraiment magnifiques.
> Ils sont plus précieux que tout l'or du Pérou.
> Mais je trouve un défaut à ces joyaux magiques
> C'est de cacher tes bras et de voiler ton cou.
>
> Reine d'amour, beauté dont on est idolâtre,
> Quel collier vaut ton cou flexible et gracieux?
> Quel est le bracelet qui vaut tes bras d'albâtre?
> Quel diamant eut jamais l'éclat de tes beaux yeux?
>
> Au front resplendissant qu'importe un diadème?
> Aucun luxe ne peut accroître ta beauté.
> Ton plus grand ornement, Giulia, c'est toi-même,
> Et rien ne t'embellit comme ta nudité.

II

L'existence des grandes cocottes. — Leurs toilettes ; leurs équipages ; leur train de maison. — Adèle Courtois. — Curieux entrefilet. — Les protecteurs sérieux et la brillante jeunesse. — Les mésaventures d'un amant sérieux. — Giulia Barucci et les madones italiennes. — Courtisanes et rastaquouères.

La vie habituelle des dix ou douze grandes cocottes qui tenaient le sceptre de la galanterie élégante, pendant les dix dernières années de l'Empire, était aussi agitée, aussi bruyante, aussi dévorante que somptueuse et dissipatrice.

Personne ne regardait alors à la dépense, et la cocotte bourgeoise et juste-milieu, à prix réduits, à appartement mesquin mais d'un confortable relatif, très rare d'ailleurs, ne faisait pas ses frais. Après les étoiles de la haute prostitution, on tombait presque sans transition à la grisette et à la fille publique de bas étage, ce qui réduisait à un petit nombre les demi-mondaines en circulation et en vogue dans le clan des viveurs de race qui s'appelaient, en ce temps-là, des *cocodès*.

Les grandes courtisanes connues avaient donc, à elles seules, toute la clientèle de choix, monopolisaient le succès, confisquaient tout l'argent des prodigues — et Dieu sait s'il y en avait ! — formaient une caste éblouissante quoique subordonnée, et avaient un train qui éclipsait celui des femmes du monde les plus lancées, dont elles étaient, cependant, séparées, toujours et partout, par une muraille infranchissable.

Leur intérieur, fastueux et recherché, était aussi des plus cossus et avait, généralement, très grand air. Tout y était large, à profusion, gaspillé ; en même temps que, dans les détails les plus intimes, les plus imperceptibles, le raffinement, la coquetterie et la luxure débordaient. Tout y semblait arrangé et préparé en vue des hommes, à la fois superlativement aristocratiques et démesurément épicuriens, qui devaient en être les hôtes nocturnes.

Les toilettes de boudoir, les déshabillés galants, les dessous émoustillants, les fouillis de dentelles, de soie et de batiste, le luxe de linge et d'accessoires à vous donner la chair de poule !... Je renonce à les décrire.

Toute cette artillerie, tous ces piments, tous ces assaisonnements exquis, vulgarisés depuis, étaient, à cette époque, l'apanage exclusif de ces demoiselles, qui les avaient inventés, qui les poussaient jusqu'au dernier degré de la perfection, qui en jouaient avec une science, avec un art de la mise en scène admirables, et ils paraissaient d'autant plus précieux, d'autant plus désirables, d'autant plus charmants, que les femmes de la société, même les plus échevelées, n'en avaient encore qu'une trop vague et trop lointaine notion.

Toutes les grandes cocottes courues et bien posées s'habillaient chez Worth, le couturier le plus en vogue d'alors, l'arbitre des élégances féminines, le maître souverain, capricieux et despote de l'ajustement des plus grandes dames. Et, chose remarquable, ces irrégulières apportaient, en général, dans leur parure une sobriété de bon goût, une affectation de simplicité qui, tout en laissant une marge énorme aux ornements luxueux et aux fantaisies coûteuses, ne leur imprimait pas moins, dans l'ensemble, un air de distinction et de tenue à tromper les plus physionomistes sur leur position sociale.

Leurs équipages étaient splendides, supérieurement tenus, d'une correction et d'un chic parfaits et rivalisaient, au bois de Boulogne, avec ceux des duchesses et des ambassadrices.

Elles avaient, pour la plupart, de grands coupés et des calèches à huit ressorts avec deux hommes sur le siège, selon la mode du temps, et elles n'auraient paru, au *persil*, à aucun prix en vulgaire victoria.

La grande calèche, bleu foncé à rechampis rouges, de Barucci ; la calèche jaune de Caroline Hassé, attelée de deux demi-sang étoffés et irréprochables ; celle, plus sombre, mais non moins belle d'Adèle Courtois ; celles de Constance, de Lucile Mangin, d'Esther Duparc, d'Anna Délion, de Cora Pearl, de Soubise, de Crénisse, d'Adèle Rémy, de Juliette Beau, etc..., avaient une grande allure et étaient toujours reconnues et signalées à distance par les *clubmen* de haut bord.

Au total, le train de maison de chacune de ces momentanées de marque est, à peu de chose près, identique et semble calqué sur celui d'Adèle Courtois, qui en est, en quelque sorte, le résumé et le type immuable.

C'est, d'ailleurs, la séduction et le charme en personne que cette beauté aux cheveux châtains, au visage régulier et doux, à la taille souple et bien prise, au corps modelé avec de fines et patriciennes attaches.

Elle a infiniment de grâce et d'amabilité, un très bon ton — sans que le diable y perde rien — des manières agréables et comme il faut, des mines câlines et engageantes sans être effrontées. Bref, au premier abord, elle a plutôt l'air d'une bourgeoise opulente et sentimentale que d'une professionnelle de l'amour.

Ce qui la distingue de ses congénères, ce qui lui donne une physionomie particulière et originale, c'est son interminable liaison avec un richissime baron étranger, diplomate connu de tout Paris, dont les chevaux et le *phaéton* sont légendaires, qui la couvre d'or et de bons procédés et avec lequel elle vit presque maritalement, jusqu'à la fin.

Une autre de ses particularités, un avantage que lui envient toutes les femmes, c'est sa prodigieuse conservation. Comme Ninon de Lenclos, à qui elle peut être comparée sous plus d'un rapport, elle garde longtemps, indéfiniment, sa beauté et son attrait, et nous l'avons vue, plusieurs années après la guerre, tourner la tête et faire faire des folies à un brillant gentilhomme, mort depuis, qui ne passait pas précisément pour un naïf...

Aujourd'hui, quoique surprenante encore de verdeur, elle a définitivement renoncé à Satan, à ses pompes et à ses œuvres. A la suite d'un profond chagrin, elle s'est retirée sous sa tente et s'est consacrée avec une ardeur de néophyte à des œuvres de charité qu'une fortune considérable lui permet de mener à bien.

Elle a pris son nouveau rôle au sérieux, avec une candeur amusante, et ne paraît plus se souvenir qu'elle n'a pas toujours été un modèle d'austérité. En quoi, entre parenthèses, elle a bien mérité du sexe mâle.

On raconte que, dernièrement, elle rencontre un ancien ami de la période joyeuse. On s'aborde, on cause, on évoque le passé. Puis, tout naturellement, on en vient à parler des disparues, de celles qui ont sombré dans la bagarre. L'ami prononce, dans la conversation, le nom d'une camarade qu'on lui a dit être dans la misère :

— Ah ! dit-elle, pauvre femme ! Savez-vous où elle demeure ? Je veux absolument aller la voir et lui venir en aide.

— Non, répond l'autre, mais je puis le savoir et je vous en informerai. A quelle adresse faut-il vous écrire ?

Avec un accent pudibond et convaincu :

— Oh ! !... je ne suis plus avec le baron !...

C'est comique et c'est adorable. L'ami n'a pu s'empêcher d'en rire et, pourtant, malgré lui, il était sur le point de s'attendrir. Pourquoi pas, après tout ?...

Très aristocrates, je l'ai déjà dit, les grandes cocottes du second Empire. Elles n'avaient guère qu'un amant sérieux à la fois, fortement calé, ayant les reins assez solides pour assurer le bien-être et la tranquillité de la maison, et elles dédaignaient les petites carottes. Les associations en syndicat, où une demi-douzaine de pontes apportent chacun sa cotisation et recueillent une part correspondante de... bénéfices, leur étaient inconnues.

Le protecteur une fois trouvé — et il y avait queue au bureau de location — elles faisaient crânement, sans marchander, la part du devoir, et ne songeaient plus, en dehors de cela, qu'à s'amuser.

S'amuser, cela voulait dire avoir autant de caprices, autant d'amants de cœur, choisis parmi les jeunes gens en vedette que l'envie leur en prenait, et faire franchement, au grand jour, la noce avec eux; ce qui coûtait aux susdits amants de cœur, qui étaient censés être aimés pour leurs beaux yeux, une petite moyenne de cent louis par mois.

Mais, par exemple, toutes les chatteries, toutes les avances, tous les égards, étaient pour eux. Ces dames se les arrachaient, les traitaient en camarades, pour qui on n'a rien de caché ni de réservé, s'emballaient même volontiers, jusqu'à en être follement toquées, leur prodiguaient toutes leurs bonnes grâces et leur donnaient, en réalité, presque toujours la préférence sur le commanditaire principal, ordinairement obscur et sans relief dans le monde.

Celui-là avait ses heures marquées, ses droits fixes, qui ne dépassaient pas, dans la plupart des cas, la porte du gynécée, et il n'était ni élégant ni habile d'en faire parade. On lui donnait ses aises, une discrétion suffisante, une certaine déférence, la satisfaction intime de s'imaginer qu'il possédait la maîtresse de tel ou tel grand seigneur en vogue — tandis que c'était le grand seigneur qui le bernait avec sa belle — une fidélité relative, qui consistait à ne pas le tromper avec un collaborateur de son espèce, et de l'amour... pour son argent. Moyennant quoi, on se considérait comme quitte envers lui, on le regardait d'assez haut et on ne lui permettait point de se montrer par trop exigeant.

Parfois, il arrivait qu'un amant de cœur par destination, plus riche, plus libre ou plus naïf que les autres, avait la velléité de prendre une femme à son rang et de devenir, à son tour, amant sérieux : il s'en trouva, dans les grands clubs, trois ou quatre exemples célèbres, dont le nom est au bout de ma plume et qu'il est inutile de citer, tant on les a encore présents à la mémoire...

Alors, sans doute, le rôle avait plus de prestige et de brillant, souvent même il était tenu avec éclat et se colorait d'un je ne sais quoi de magnifique et d'élégamment insensé, de grandiosement vicieux qui ne manquait ni de chic ni d'originalité ; témoin le feu duc de G...t-C...sse et ses tapageuses aventures.

Mais, à la longue, il retombait, si ce n'est pour la forme, au moins pour le fond, à son niveau. Les premiers sujets, les *leaders* de la grande vie qui le jouaient, subissant la loi commune, finissaient par être, en définitive, traités par-dessous la jambe, ni plus ni moins que de vieux barbons et outrageusement coiffés, à leur nez et à leur barbe, par leurs compagnons de plaisir. La seule différence était qu'ils prenaient la chose gaiment, la trouvant toute naturelle et qu'ils avaient le bon esprit d'en rire.

Je me souviens qu'un jour de printemps de l'an de grâce 186... toute la bande joyeuse du club le plus fashionable de Paris, celle qui donnait le ton et gouvernait despotiquement dans les régions du monde où l'on s'amuse, s'en alla aux courses de Versailles.

Un *gentleman*, pourri de chic, affolé d'élégance, occupé du soir au matin à dissiper son très modeste patrimoine, avec un imperturbable sérieux, non exempt d'une pointe ridicule, avait cru devoir, pour faire sensation, emmener la blonde jouvencelle sans préjugés qu'il entretenait à grands frais à cette seule fin d'impressionner la galerie et de consacrer sa réputation de parfait viveur.

Par malheur, il y avait dans la ville du Roi-Soleil un régiment de cuirassiers et, dans ce régiment, trois membres du club en question, ayant la moustache frisée, le diable au corps, un succès énorme auprès des femmes et connaissant intimement, non seulement leur collègue, le grand viveur, mais encore et surtout sa délirante maîtresse.

Donc, à la descente du train, le couple se jette dans les bras de nos cuirassiers, venus, naturellement, pour attendre leurs amis parisiens. Échange de poignées de main, amabilités et, comme par hasard, proposition de faire monter la tourterelle en voiture pour la conduire sur le *turf*.

Bref, en moins de temps qu'il n'en faut pour le dire, on s'en empare, sans l'ombre de résistance ; on l'entraîne sur un terrain plus voisin de Cythère que de la société d'encouragement pour l'amélioration de la race chevaline, pendant que l'enragé *sportsman*, paré d'un habit marron à boutons d'or — l'uniforme déjà démodé des membres du Jockey-Club à la fondation — se pavane gravement dans les tribunes, et... on ne la rend à son propriétaire qu'à la nuit tombante, au moment même du départ...

La façon dont les grandes cocottes de nos jeunes années entendaient l'existence et dont elles organisaient leur genre de vie, leurs procédés, leurs moyens d'action vis-à-vis des mâles, selon leur catégorie et leurs aptitudes, leur procuraient, jusqu'à un certain degré, l'indépendance, à laquelle elles tenaient étonnamment et qui leur permettait, le cas échant, de montrer une certaine hauteur, de rembarrer et de remettre à leur place, avec des airs de duchesses, les goujats trop familiers dont les procédés leur déplaisaient.

Il est certain qu'elles n'acceptaient pas les libéralités du premier venu et choisissaient, dans une mesure, les bonshommes à qui elles accordaient l'insigne faveur de se ruiner à leur service : la seule forme de rétribution qu'elles crussent compatible avec leur dignité. Quant à recevoir vingt-cinq louis d'un amant de cœur ou d'occasion, elles ne s'en souciaient nullement, n'en ayant aucun besoin et ne voulant pas se galvauder pour si peu.

Barucci vous les eût jetés à la figure ; aussi ne se risquait-on point à les lui offrir. Quand on n'aurait eu avec elle que des rapports éphémères, si on voulait lui faire plaisir, on n'avait qu'à lui apporter une pièce d'étoffe pour ses madones d'Italie, qu'elle habillait, habituellement, avec sa défroque.

Chez elle, un jour par semaine était rigoureusement réservé à la famille, composée d'une sœur cadette, marchant assez péniblement sur les traces de son aînée, et d'un frère, cocher, si je ne me trompe (le mari était resté au delà des monts). Dans ces réunions intimes, le frère et la sœur se partageaient le meilleur de ce qui avait cessé de plaire — tout battant neuf le plus souvent — à la belle Giulia et le reste, empaqueté séance tenante, était expédié aux saintes vierges de Toscane. Est-ce assez caractéristique?

Une particularité très curieuse de toutes ces grandes ribaudes parisiennes, c'est leur peu de goût pour les étrangers et leur mépris absolu du rastaquouère. Elles en usaient et en abusaient pour remplir leur escarcelle et elles en exprimaient, sans pitié, jusqu'à la dernière pistole, estimant qu'ils étaient faits pour cela, les regardant, de très bonne foi, comme une simple mine à exploiter, mais ne consentant, sous aucun prétexte, à de rares exceptions près, à les assimiler à des Français de bonne souche.

L'idée ne leur serait jamais venue, d'ailleurs, de jauger un homme uniquement d'après sa fortune et de croire qu'il était chic parce qu'il avait beaucoup d'argent. En quoi elles différaient essentiellement de celles d'aujourd'hui.

III

La journée de ces dames. — Une piquante rencontre à la Librairie Nouvelle. — Les grandes courtisanes à l'avenue de la Motte Piquet. — Un caravansérail militaire. — — Fêtes à tout casser. — Histoire d'un colonel d'infanterie et d'une procession peu orthodoxe. — Une belle famille. — Esther Duparc. — Son opinion sur les viveurs. — Constance Rézuche. — Marguerite Bellengé. — Comme quoi le hasard fait quelquefois bien les choses. — Liaison de la belle Margot avec l'empereur. — Calinette. — Une paire de chevaux à bon marché. — Boutades d'un drôle de corps.

La journée de ces dames commençait fort tard. Les gens de loisirs et de plaisir vivaient beaucoup la nuit, dans ce temps-là, et les grandes *abandonnées*, ne regagnant guère d'habitude leur alcôve qu'entre quatre et cinq heures du matin, aucune d'elles ne songeait à ouvrir les yeux et à sortir de son lit avant midi ou une heure.

Mais, à partir de cet instant, quelle existence bien remplie ! Quelle exubérance de sève ! Quelle fièvre de convoitises ! Quelle multiplicité, quelle variété d'occupations frivoles et de distractions absorbantes !... C'est tout juste si l'après-midi était assez longue pour en venir à bout et si elles parvenaient, dans ce tourbillon insensé, dans cette course folle et échevelée, ne laissant de place ni pour la réflexion ni pour les sombres préoccupations, à en finir assez tôt pour endosser, avec le soin voulu, l'étincelante toilette du soir. Toilette de dîner chez une camarade ou au cabaret en joyeuse compagnie, où elles arrivaient, d'ordinaire, en retard d'une bonne heure...

Au saut du lit c'était, d'abord, la manicure, les soins intimes avec tout leur arsenal, l'arrivée de la lingère ou de la marchande à la toilette et le papotage avec icelle, la visite du bijoutier, les poulets à expédier dans toutes les directions, les affaires sérieuses. Tout cela prenait jusque vers quatre heures ou quatre heures et demie.

Alors, elles se faisaient pimpantes, ébouriffantes, irrésistibles, montaient en voiture et, après une courte apparition ou avant une longue promenade au Bois, selon la saison, s'en allaient qui chez la couturière ; qui à un rendez-vous clandestin et inavoué, destiné à boucher un trou à la lune ou à payer une grosse note restée en souffrance ; qui avenue de la Motte-Piquet, chez MM. les officiers de la garde impériale ; non sans avoir fait une pointe au boulevard des Italiens, pour entrer, en passant, à la Librairie Nouvelle et y causer avec Achille des romans nouveaux.

Il était rare que, dans ce club en miniature, où se réunissait journellement une petite phalange d'hommes de lettres, d'auteurs dramatiques et de gens d'esprit, on ne rencontrât pas, entre cinq et sept, quatre ou cinq de ces incomparables croqueuses de pommes, qui ne dédaignaient, à leurs moments perdus, ni la littérature ni les littérateurs.

Je me souviens qu'un jour, j'y trouvai la Barucci, accompagnée d'une amie, fort belle personne, ma foi, à qui elle me présenta incontinent en faisant suivre mon nom de ma qualité d'officier, et je vois encore l'air solennel et convaincu de celle-ci me toisant avec attention et me disant aussitôt, du ton de quelqu'un qui s'y connaît :

— Ah ! Monsieur est officier ! Et dans quelle arme !...

J'ai, malheureusement, oublié le nom de cette charmante femme et Achille, à qui je l'ai demandé, tout en se rappelant parfaitement le fait, n'a jamais pu s'en souvenir non plus. C'est ennuyeux et surprenant, car je ne connais pas d'homme dans Paris plus universel, plus au courant de toutes choses, ayant une mémoire plus sûre et plus fournie que ce virtuose de la librairie, dont la notoriété est établie, l'amabilité proverbiale, et qui restera comme un type très particulier et très intéressant de notre époque.

L'avenue de la Motte-Piquet, sous le second Empire, moins bâtie, moins habitée, plus isolée que de nos jours, était le quartier élégant des officiers de la garde, à qui il était formellement prescrit de se loger dans un rayon déterminé et limité aux abords de l'École Militaire.

Il y avait là une série d'appartements et de maisonnettes, quelques-unes avec jardin, exclusivement occupés par la garnison, dont l'ensemble était fort gai et souvent fort animé. C'était comme un grand caravansérail militaire, une sorte de cité ayant un cachet spécial et une couleur locale des plus curieuses. On n'y voyait guère que des uniformes ; ses habitants y étaient complètement chez eux, auraient pu s'y promener en robe de chambre et se transportaient continuellement les uns chez les autres, voisinant de porte en porte avec une extrême facilité, parfois, dans les tenues les plus rudimentaires.

De temps à autre, on y faisait une fête à tout casser et un vacarme qui n'eût point été de mise dans l'intérieur de Paris. Certains soirs, lorsque les plus fashionables de la bande étaient de semaine et ne pouvaient, par conséquent, s'éloigner, on risquait, en pénétrant, au hasard, dans un logement, de trouver l'escalier en ébullition et illuminé *a giorno*, le palier encombré d'une façon plutôt bruyante, la maison tout entière envahie par des couples épanouis qui manquaient totalement d'austérité......

Je n'oublierai jamais la mine indignée et effarée d'un brave colonel d'infanterie, tout frais émoulu de sa province, qui, rentrant paisiblement chez lui, se heurta à un embarras occasionné par six nymphes montant gravement les marches de l'escalier, à la queue lou-lou, dans le plus simple appareil et avec une bougie allumée..... devinez où, si vous l'osez.......

Ce qui n'empêchait pas le service de se faire exactement, scrupuleusement même, la discipline d'être inflexible et beaucoup plus rigoureuse qu'on ne l'imagine. Car, dans ce temps-là, soit dit en passant, on savait mener de front le devoir et le plaisir.

Souvent, au sortir du pansage, on apercevait, au beau milieu de l'avenue, arrêté devant un logis de modeste apparence, un somptueux équipage facilement reconnaissable à ses couleurs.

C'était celui d'Esther Duparc, de Constance Rézuche, de Catinette, de Marguerite Bellengé, de Lucile Mangin, qui, avec Barucci, étaient les visiteuses les plus assidues de ces messieurs de la garde.

Esther Duparc, l'aînée de cinq sœurs, toutes vouées à la galanterie et la perle, sans contredit, de cette belle famille qui marchait fièrement sur les brisées de celle qui s'est illustrée d'une manière analogue sous Louis XV le Bien-Aimé, était une superbe et délicieuse créature, pleine de charme, d'élégance, de race et de distinction.

Grande, mince, élancée, fausse maigre, la taille bien prise, les cheveux châtains, les yeux langoureux et expressifs, le visage fin et régulier, les pieds et les mains aristocratiques, elle avait, en outre, une ravissante tournure et des allures de duchesse qui en imposaient.

Dans l'intimité et le tête-à-tête, nulle n'était plus aimable, plus attrayante, plus chatte et plus câline qu'elle. Pour ses amants sérieux, qu'elle avait soin de choisir parmi les plus calés, sans s'arrêter au rang ni à la naissance, elle était pleine d'égards et d'attentions, et, tout en ne leur gardant pas une fidélité de première classe — il s'en fallait — elle s'appliquait à ménager, vis-à-vis d'eux, les convenances, à les bien traiter, à ne point les tourner en ridicule, à leur laisser ignorer, autant que possible, ses fredaines, à maintenir, par là, la tranquillité et la sécurité de son foyer, à se garder à carreau de ce côté.

Et cela elle le faisait autant par inclination, par bon naturel, par une certaine élévation de sentiments, que par calcul et par rouerie, bien qu'elle fût aussi fine, aussi adroite, aussi dissimulée, à l'occasion, qu'il est possible à une jolie femme de l'être.

Pour ses caprices, la fleur des pois de ce qu'il y avait de plus brillant et de plus remarqué par l'extérieur, le chic, la bonne grâce et la séduction, elle était remplie d'abandon, de passion tendre, de procédés délicats, de douceur, de tact, d'indulgence et elle se comportait avec eux en véritable grande dame, leur restant attachée même après la rupture et continuant à avoir pour eux, en toutes circonstances, des préférences, des gentillesses, des coquetteries amicales tout à fait captivantes, dont on lui savait le plus grand gré.

Aussi, lorsqu'elle fut atteinte de la terrible maladie de poitrine, qui devait l'emporter, comme la pauvre Barucci, en pleine jeunesse et que, minée, amaigrie, affaiblie, détruite, elle dut, deux ou trois ans avant de mourir, se retirer de la circulation et vivre presque en recluse, conserva-t-elle des amis dévoués qui continuèrent à l'entourer et lui restèrent fidèles jusqu'à la fin :

— Voyez-vous, mon cher, me disait-elle mélancoliquement mais sans amertume, quelques mois avant le fatal dénouement, c'est quand on est arrivée où j'en suis que l'on juge les hommes. Les bons sont rares. La plupart, dès qu'on ne leur inspire plus de désirs et qu'on ne peut satisfaire leurs vices, nous lâchent impitoyablement et cyniquement avec autant d'entrain qu'ils en mettaient auparavant à se traîner platement à nos pieds. Oh ! la vilaine race !...

Tout autre était sa contemporaine et sa rivale Constance Rézuche. Grande aussi celle-là, belle, bien tournée, désirable, extraordinairement élégante, bourreau d'argent, tapageuse en évidence, ambitieuse et ne reculant devant rien pour plumer son pigeon jusqu'à l'épiderme. Vicieuse, capiteuse et troublante pour les sens; mais sans esprit, d'une intelligence plus que médiocre, au point qu'ayant été un instant au théâtre, elle n'avait pu y rester et, en dépit de ses liaisons retentissantes, assez vulgaire au fond.

Elle avait une sœur, plus maligne qu'elle, qui lui servait de femme de charge, tenait sa maison, faisait tout, brassait tout, dirigeait tout et veillait à ses intérêts, lesquels, grâce à cette éminence grise de la haute bicherie, prospérèrent pendant longtemps...

Parmi les habituées de l'avenue de la Motte-Piquet, une des plus modestes, des moins opulentes, des moins haut cotées, mais non des moins jolies et des moins agréables, était Marguerite Bellengé, Margot, comme on l'appelait au régiment.

Qui eût dit, à ce moment-là, que cette bonne, réjouie et insouciante fille, bohème à l'excès, prodigue de ses charmes au delà de tout, noceuse, terre-à-terre et ayant un langage plutôt imagé, était appelée à de hautes destinées et deviendrait un jour la favorite d'une tête couronnée, n'eût certainement rencontré que des incrédules.

Rien ne la préparait à cette dignité, à laquelle, à coup sûr, elle était elle-même bien loin de songer. De taille au-dessous de la moyenne,

MARGUERITE BELLENGÉ

mince, fluette, presque maigre, blonde, fine, très jolie, avec de beaux yeux éloquents et une physionomie singulièrement expressive, elle n'avait pas de *branche* et faisait, de prime abord, peu d'effet, ressemblant davantage à une grisette très soignée et très pomponnée qu'à une cocotte à la mode.

Le fait est que, malgré ses relations huppées, malgré le milieu où elle vivait et son incontestable agrément personnel, elle restait relativement dans l'ombre, était même assez discutée et n'avait qu'une demi-réussite, allant de l'un à l'autre, tantôt dans le luxe, tantôt dans la dèche et ne paraissant point se préoccuper du lendemain.

Lorsque, un beau jour, la fortune vint à elle sous la forme inattendue de l'empereur des Français !…

C'était à Saint-Cloud, au printemps de l'année 186…. Comment la belle Margot, Margot la rigoleuse, se trouvait-elle seule, à pied, aussi loin du boulevard ? C'est un mystère qu'elle n'a jamais révélé et que l'on n'a pu jusqu'à présent éclaircir…

Toujours est-il que, surprise subitement par un orage épouvantable, elle se blottit sous un arbre du parc…

Elle y était à peine depuis cinq minutes, qu'elle voit tout à coup déboucher, dans son irréprochable phaéton, à la livrée vert et or, Napoléon III, rentrant de sa promenade habituelle.

Elle s'incline respectueusement. Le souverain, apercevant une jeune et jolie femme dans cette posture et dans ... ou, mouillée, transie, déconfite, sourit, sai... la couverture qu'il avait sur les genoux, la lui jette et passe son chemin...

Rentrée chez elle sous la protection de la précieuse pelure, Margot se met à réfléchir à l'aventure et se demande ce qu'il faut faire. Doit-elle renvoyer la couverture ? Ne pas la renvoyer ? Elle est affreusement perplexe et toute une semaine se passe ainsi dans l'indécision et le trouble. Soudain, elle a une inspiration, une inspiration géniale, sa résolution est prise...

Le lendemain matin, l'aide de camp de service entre chez l'empereur, et lui dit qu'une jeune femme est là, refusant de donner son nom et demandant, avec acharnement, à être reçue ; qu'on lui a répondu que c'était impossible, mais qu'elle insiste, prétendant qu'elle a quelque chose à remettre, en main propre, à Sa Majesté et qu'elle ne s'en ira pas sans avoir rempli sa mission.

Napoléon III, fort intrigué au début, semble réfléchir une minute. Il questionne son aide de camp et se fait tracer, par le menu, le portrait de l'audacieuse inconnue qui, on l'a deviné, n'est autre que Marguerite Bellengé rapportant elle-même le *plaid* impérial. Puis, après un silence :

— Eh bien, dit-il, qu'on la fasse entrer !

On sait le reste. . . . .

Toutefois, on s'est fortement mépris, dans le public, sur le rôle joué par cette inoffensive maîtresse. On a voulu en faire une Montespan, ce que ne comportaient ni sa situation, ni ses moyens, ni ses goûts et ce qui n'entrait nullement dans les vues de son seigneur et maître.

La vérité est qu'elle l'amusait par ses propos canailles, par son incroyable liberté de langage; qu'elle l'étonnait, le distrayait et le sortait un peu de son atmosphère gourmée et cérémonieuse en lui parlant comme personne n'eût osé lui parler; qu'elle lui plaisait par sa gentillesse, sa bonne humeur et sa constante soumission.

Mais d'influence, elle n'en eut jamais d'aucune espèce et, qui plus est, ne chercha jamais à en avoir. Elle regrettait souvent son obscurité passée, sa liberté, ses frasques, son existence en l'air, et rien ne lui faisait autant de plaisir que de rencontrer des camarades de ce temps-là et de leur rappeler les vieux souvenirs.

Je l'ai retrouvée plusieurs années après la guerre, retirée, mariée, oubliée, dans l'aisance sans être riche, toujours aimable, bonne enfant, souriante, et je ne me doutais guère, en la quittant, qu'elle mourrait prochainement et que je venais de lui parler pour la dernière fois.

La mort a fauché aussi, après de cruelles souffrances, la douce Catinette, un joli modèle de femme, ni grande, ni petite, aux cheveux châtains, au regard tendre et langoureux ; faite au moule, subjuguée par les fortes carrures et les ioies naturalistes, sentimentale également à ses heures.

Caractère d'ange, nature apathique et tranquille, facile à vivre, d'un commerce agréable, le cœur sur la main, intelligente, sans bruit et sans prétentions, confortablement, élégamment, mais simplement installée : telle était Calinette.

Très répandue, très populaire, très aimée de toutes ses concurrentes, adorée de l'armée française, elle distribuait ses faveurs, sans trop se faire prier, sans calculer trop méticuleusement à l'avance ce qui lui en reviendrait, aux civils et aux militaires, — plus allègrement aux militaires qu'aux civils...

Sa longue liaison avec un brave et brillant officier, qui se fit héroïquement tuer à Magenta, fit un certain bruit, à cause de son dénouement tragique ; et les regrets sincères qu'elle en éprouva, le souvenir touchant qu'elle garda de son ami mort, mirent en lumière son bon naturel.

Elle était si excellente fille qu'on lui faisait parfois, sans qu'elle songeât à s'en fâcher, des farces un peu raides. C'est ainsi, qu'un jour, un loustic, avec lequel elle s'était oubliée, sans trop savoir pourquoi ni comment, lui ayant promis une paire de chevaux, lui envoya, dans la huitaine... une ravissante petite voiture d'enfant de chez Giroux, attelée de deux minuscules chevaux de bois...

Un type bizarre et amusant que le loustic en question ! Un vrai gamin de Paris, parlant l'argot du faubourg Antoine, et égaré, par je ne sais quel concours de circonstances, dans un des régiments les mieux composés de la cavalerie de la garde.

Débraillé, sans gêne et fort risqué dans ses sorties, assurément, mais bon vivant, plein d'entrain, de verve gauloise et de saillies à l'emporte-pièce. Ses camarades les mieux nés, les plus musqués, le recherchaient, en raffolaient et il était de toutes les parties. On l'introduisait même, de temps à autre, en petit comité, dans le noble faubourg, où il pétrifiait les douairières, qui le regardaient comme un phénomène.

A un dîner, dans la famille très collet-monté d'un de ses frères d'armes, ayant vidé son verre et s'apercevant que le maître d'hôtel verse plus souvent à boire au maître de la maison qu'à lui :

— Mon ami, dit-il gravement, en s'adressant au correct et solennel serviteur, quand vous menez votre maître à l'abreuvoir, prenez-moi en main, si ça ne vous fait rien...

On voit d'ici les têtes des convives et la stupeur du premier moment. Le plus simple était de se mettre franchement à rire et c'est ce qu'on fit de très bonne grâce.

IV

Les soirées d'hiver de ces dames. — Le spectacle. — Une lune de miel dans une avant-scène. — Comment on se fait expulser d'une loge. — Après minuit. — Le *Grand 16* au café anglais. — Une odalisque sans préjugés. — Ernest. Les habituées du *Grand 16*. — Anna Délion. — Elle donne son nom à un plat de pommes de terre. — Cora Pearl. — Comptabilité en partie triple. — *Kioupidon*. — Un mot sanglant d'une camarade.

La soirée des grandes cocottes n'était pas moins bien remplie que leur journée. Elle commençait, généralement, par le spectacle, et se terminait au Café Anglais. Quelques étoiles des plus en vue avaient une baignoire à l'Opéra et aux Italiens, un jour par semaine, et y allaient en grande toilette, couvertes de magnifiques bijoux, mais sans aucun fracas, avec la dignité et la tenue de véritables femmes du monde; seules, cela va sans dire, ou accompagnées d'une amie et recevant, ces soirs-là, dans leur loge, le dessus du panier de leurs adorateurs ordinaires, de l'air grave et imposant d'ambassadrices en exercice. Si on se rattrapait à la sortie, par exemple, je vous le laisse à penser !...

Les autres, avec leurs amoureux présents, passés et futurs, se répandaient dans les petits théâtres, fréquentés alors assidûment par les élégants, qui y régnaient sans partage et où l'on était sûr, pour peu que l'on fût lancé dans la grande vie, de rencontrer vingt personnes de connaissance. Elles y occupaient habituellement les avant-scènes, d'un prix, il faut le dire, très abordable — on les avait pour trente francs — et s'y livraient, sans contrainte, en compagnie de toute une bande joyeuse, à des ébats d'une franche gaieté, parfois même d'une expansion et d'un sans-gêne un peu bruyants.

Le plus souvent, le public, très bon enfant, très bien disposé pour les viveurs de marque et leurs compagnes, très accoutumé à leur voir faire la loi, très en veine de rire, s'amusait franchement de cette aimable désinvolture et se mêlait, à l'occasion, au boucan avec un entrain et une verve drôlatiques qui n'avaient rien d'hostile ; au contraire.

Je me souviens, qu'un soir, aux Variétés, un mien ami, qui venait d'entrer dans la lune de miel avec une très jolie fille et qui avait le diable au corps, l'embrassait carrément sur le devant de la loge toutes les cinq minutes. Au bout d'une demi-heure de ce manège, la salle s'en aperçut et se mit à crier comme un seul homme : « Assez ! assez ! assez !... » Sur quoi, le coupable se leva, salua gravement les spectateurs et se rassit au milieu d'un tonnerre d'applaudissements...

Une autre fois, c'était au Châtelet, où l'on jouait je ne sais plus quelle féerie ; un jeune seigneur, très connu et légèrement ému par un superflu de vin de Champagne, était dans l'avant-scène la plus rapprochée des coulisses, avec quelques copains et trois beautés plutôt tapageuses, qui attiraient fortement l'attention de la galerie. S'étant aperçu que les feux follets qui passaient et repassaient constamment à portée de son bras étaient suspendus à des fils de fer, notre homme, poursuivi par une de ces idées fixes, machinales et irrésistibles des pochards, se mit à les accrocher avec sa canne à bec de corbin et à les attirer dans la loge à mesure qu'ils paraissaient. Hilarité du parterre, exclamations, apostrophes, tumulte indescriptible, suspension de la représentation et, finalement, intervention du commissaire de police, ceint de son écharpe, qui veut emmener le perturbateur au poste.

Celui-ci se débat, pérore, blague le commissaire et parle à la foule, qui s'insurge, prend sa défense et... force l'officier de paix, plus disposé lui-même à rire qu'à se fâcher, à le laisser tranquille...

Il y avait, pourtant, des cas et des endroits où la masse de l'auditoire se montrait moins accom-

3.

modante et où les raffinés avaient maille à partir avec elle. Mais nous n'en étions pas à une bagarre près, et nous trouvions même assez drôle de nous y exposer, sachant bien qu'il n'en résulterait rien d'irréparable.

Ainsi, un beau soir que nous avions eu, un de mes amis intimes et moi, après un dîner en ville, la singulière idée de conduire à l'Odéon, en habit et cravate blanche, deux hétaïres de la plus belle eau, parées comme des châsses, nous pensâmes tout simplement être roués de coups.

Naturellement, nous n'écoutions pas la pièce — c'était, je crois, du Racine — et nous causions haut dans la loge absolument comme chez nous. Le public de l'orchestre et du balcon, entièrement composé d'étudiants du quartier Latin, commence à nous chuter; nous ripostons, nous nous prenons de bec avec les plus rapprochés; on nous menace, nous menaçons. Bref, la salle entière se lève, vocifère en nous montrant le poing et se prépare à se ruer sur nous pendant l'entr'acte...

Heureusement, le rideau venait seulement de se lever. Nous prenons nos femmes, nos manteaux et nous filons vers le boulevard, joyeux, frétillants, triomphants et ravis d'avoir une aventure à raconter. Il n'était que temps!...

Après le théâtre, les couples les plus brillants et les plus à la mode se réunissaient au Café Anglais, dans un vaste cabinet retenu à poste fixe par la coterie prépondérante et qui s'appelait, qui s'appelle encore, je crois, le *Grand Seize*. Là arrivaient successivement, dans le courant de l'arrière-soirée, accompagnés ou seuls, selon les jours et les hasards de la bamboche ou du baccarat, tout ce qu'il y avait dans Paris de jeunes seigneurs bien posés, faisant la noce avec chic. On y était complètement chez soi, pour ainsi dire en famille, sans la moindre promiscuité triviale, gênante ou ennuyeuse, sans s'exposer jamais à coudoyer des *tompins* ou des inconnus, avec des femmes choisies, en nombre restreint, que l'on aimait, que l'on avait aimées ou que l'on aimerait, que l'on traitait en camarades et qui, n'ayant, vis-à-vis des habitués, aucun besoin de jouer la comédie, aucune arrière-pensée de *levage* obligatoire, se montraient naturelles, enjouées, bonnes filles, très chattes, très capiteuses, très lascives aussi par instants et d'un entrain vertigineux.

Aussi menait-on joyeuse vie dans ce *Grand Seize*, illuminé jusqu'au matin et sur lequel les bourgeois attardés jetaient, en passant sur le boulevard, un regard de stupéfaction et de convoitise. Le piano, qui était devenu un chaudron à force de bouteilles d'eau-de-vie et de curaçao qu'on avait jetées dedans — divertissement peu spirituel peut-être, mais qui indique le diapason auquel on était monté — alternait avec les conversations et les potins, les traits d'esprit, les propos légers, les... entrelacements plus que familiers, les apartés folichons...

De temps à autre, une de ces dames, ordinairement une débutante, laissait errer ses mains potelées sur les touches d'ivoire et jouait... invariablement, *les Cloches du monastère*, le morceau de prédilection, le cheval de bataille agaçant et monotone de toutes les pensionnaires et de toutes les *dégrafées*, ce qui soulevait des hurlements dans l'assistance.

On soupait assez sobrement, en général — le beau sexe ne poussant pas à la consommation — chacun pour soi, d'une façon recherchée, en sybarites ; mais on buvait force champagne et, sur le coup de deux heures du matin, les imaginations étaient, d'habitude, prodigieusement échauffées.

C'est alors que disparaissaient, souvent sans être remarqués, les amoureux pressés ou surveillés et qu'ils faisaient, dans les cabinets voisins, des fugues qui n'avaient rien de platonique.

A ce moment psychologique, l'abandon était complet. On assistait quelquefois à des scènes épiques, à des dialogues fantastiques, à des petites comédies d'un naturalisme abracadabrant...

J'ai vu, une nuit, une odalisque sans préjugés, qui menait un train phénoménal, qui ne comptait plus ses conquêtes et qui les traitait volontiers, dans la lune rousse, de Turc à More, arriver avec ses deux amants attelés de front, dont l'un, comme toujours, était préféré. Puis, celui-ci, qui avait dix-huit ans, ayant dû partir pour rentrer dans sa famille, se rapprocher de l'autre, à qui elle n'avait pas, jusque-là, adressé la parole et lui dire froidement :

— Tu sais qu'il me faut vingt mille francs pour demain soir!

A quoi le malheureux avait répliqué tristement :

— Je ne les ai pas; mais je les trouverai, tu peux y compter.

Elle se roula, d'un air ennuyé et écœuré, en sa présence sur le canapé en grommelant entre ses dents, mais de façon à être entendue :

— C'est tout de même dur d'être obligée de... se donner à un animal comme celui-là pour de l'argent!...

A la porte du cabaret, au bas de l'escalier, dans la rue, se tenait Isabelle, la bouquetière du Jockey-Club, dans son costume professionnel, aux couleurs du gagnant du Derby de l'année précédente. On lui disait un mot en entrant, on la lutinait un brin quand on était de bonne humeur et on lui commandait des fleurs pour le lendemain. Ah! elle en a su long, Isabelle, et elle pourrait écrire des mémoires intéressants!... Sans parler de tout l'or qui est entré dans ses poches et qui, malheureusement, n'y est pas resté.

A peine avait-on gravi les marches du premier étage et pénétrait-on dans le péristyle, qu'on était reçu par Ernest, le fameux Ernest, le seul, l'inimitable, le correct et fashionable Ernest, la perle des maîtres d'hôtel.

— Ernest, qui y a-t-il au seize ?
— Personne encore, monsieur.
— Comment personne ?
— Je veux dire que ces *Dames* et ces *Messieurs* ne sont pas encore arrivés. Il n'y a que M. de X... avec les deux petites dames de l'autre soir. Monsieur sait de qui je veux parler...
— Madame B... a-t-elle dîné ici ce soir ?
— Je ne sais pas, monsieur.
— Vous n'avez pas vu madame C... P... et le baron de B... ?
— Je n'ai vu personne, monsieur...

Une figure que cet Ernest, un type unique et disparu, un parfait modèle de tenue, de serviabilité respectueuse et distinguée, de discrétion et de finesse ; rappelant, par bien des côtés, les intendants de l'ancien régime, à la fois familiers et déférents, cérémonieux et sceptiques.

Grand, bellâtre, bien tourné, aux épaules carrées, à la physionomie impassible, à l'air doux et prétentieux, il connaissait à fond tous ses clients, toutes ses clientes surtout, pénétrait, sans se déranger et par état, dans les profondeurs de leur vie privée, savait par cœur toutes leurs intrigues, toutes leurs histoires, tous leurs ennuis et jouait, en somme, un assez grand rôle dans les coulisses de la galanterie et de la haute noce.

On prétendait qu'il avait pas mal de bonnes fortunes et que quelques-unes des déesses qui trônaient dans son olympe lui octroyaient, à leurs moments perdus, gracieusement leurs faveurs. Je n'en serais point surpris.

Il était, en tout cas, leur confident, parfois leur conseiller et il en est plus d'une à qui il a rendu de très réels services. Il se trouvait jusqu'à des femmes du monde qui lui témoignaient une confiance flatteuse et avaient recours à ses bons offices. La superbe comtesse C.....e, qui révolutionna pour un temps la cour et la ville, habita, pendant des mois, un petit appartement au-dessus du Café Anglais et ne voulut être servie que par Ernest, qui était devenu son factotum.

Parmi les habituées du *Grand Seize*, il en est quatre ou cinq qui y étaient particulièrement assidues, qui en avaient fait, en quelque sorte, leur salon et leur club et qui méritent une mention spéciale.

Outre celles dont j'ai déjà parlé, telles que Barucci, Catinette, etc..., on y rencontrait, d'abord, de fondation, Anna Délion, une splendide, opulente et excellente fille, qui non seulement y venait le soir, mais y dînait encore à peu près tous les jours et avait de longues conférences avec Ernest, d'où sont sorties les *pommes de terre Anna*, mets succulent et depuis très recherché, pour lequel Ducléré, propriétaire du Café Anglais, n'hésita pas à faire un appareil spécial, aujourd'hui en possession de M. Renoul, le sympathique libraire du boulevard Montmartre.

On l'avait surnommée Marie-Antoinette, cette bonne Anna, à cause de la ressemblance frappante de son profil avec celui de la Reine. Belle à miracle, elle l'était assurément; grande, brune, bien campée, d'un léger embonpoint qui stimulait le désir, une peau mate d'une blancheur éclatante, de beaux yeux lascifs, de jolies mains, de jolis pieds, une expression nonchalante et créole pleine de charme et de séduction.

Ce qui l'avait mise en évidence c'était sa liaison connue et affichée avec une altesse impériale d'une haute valeur et d'un grand relief, qui en fut fort amoureux, bien que les facultés intellectuelles de son objet fussent terriblement loin de répondre aux siennes.

Elle eut un luxe foudroyant, une vogue inouïe, autant d'amis presque que d'amants et elle mourut ruinée, dénuée de tout, dans un petit appartement de la rue Taitbout, auquel quelques meubles somptueux, épaves navrantes de son ancienne splendeur, donnaient un aspect luxe et misère qui serrait le cœur...

Un autre pilier du cabinet infernal c'était l'inexplicable Cora Pearl (en langage vulgaire Emma Chruch). J'avoue humblement que c'est là un succès que je n'ai jamais compris, qu'il faut bien constater, puisqu'il a existé, mais que rien ne justifie. Pour moi, elle fait tache dans le groupe étincelant, raffiné et aristocratique, à tout prendre, des femmes galantes de son époque, dont elle différait absolument sous tous les rapports. Ce fut une individualité à part, un spécimen d'une autre race, un phénomène bizarre et étonnant. Et c'est, peut-être, ce qui explique sa notoriété, ce qui a été cause de son prestige.

Anglaise de naissance, de caractère et d'allures, elle avait la tête d'une ouvrière de la Cité, ni bien ni mal, des cheveux d'un blond ardent, presque rouge, un accent vulgaire et insupportable, un voix rauque, des manières excessivement canailles et un ton de valet d'écurie.

Mais elle montait fort bien à cheval et ses admirateurs assuraient qu'elle était faite au moule, que son corps était une merveille. Je conviens qu'il y avait du vrai dans cette opinion ; car il m'a été donné de l'apercevoir, comme les camarades, dans le costume d'Eve avant le péché, ce qu'elle affectionnait et ce qui était souvent une façon à elle de se mettre en robe de chambre pour recevoir ses visites...

Cora menait ses amants à la cravache et ne se gênait guère pour les apostropher en public par les propos les plus violents et les plus désobligeants. Elle ne les ménageait en rien et pour rien et leur rendait la vie très dure. A telle enseigne qu'un des premiers — celui peut-être qu'elle a le moins brimé — qui avait quinze ans à peine révolus, lui dit un jour, écœuré : — Toi, tu auras servi à me dégoûter des femmes !... Ce qui n'empêche pas qu'elle a traîné derrière son char des princes du sang, dont l'un — un futur roi, s'il vous plaît — lui fit présent d'un collier de perles d'un prix phénoménal; des grands seigneurs du plus haut rang, des jeunes gens très courus, des hommes de valeur de tout acabit — quel attrait caché, quel philtre secret pouvait-elle bien avoir? — qu'elle a mené, pendant vingt ans, un train à dépenser cinquante mille francs par mois; qu'elle a eu des bijoux, des toilettes, des équipages à nul autre pareils, qu'elle a ahuri et ébouriffé Paris.

C'était un bourreau d'argent et, pourtant, en prévoyante fille d'Albion qu'elle était, elle avait de l'ordre, beaucoup d'ordre. Nous avons découvert un jour chez elle un registre mirobolant, divisé en trois colonnes. Dans l'une étaient inscrits les noms de ses clients, des noms connus et amis pour la plupart, dans l'autre, et en regard de chacun d'eux, la date de leur... séjour; dans la troisième... la somme versée par le pèlerin pour prix de l'hospitalité reçue. Trois noms seulement ne portaient que la mention de la date; la case de la recette était restée en blanc... J'ai comme un soupçon que ces trois joyeux farceurs ont eu, par la suite, du fil à retordre.

Il y avait même, Dieu me pardonne, dans

le fatal registre, une colonne d'observations. Pas aimables pour tout le monde, les observations !...

En 1866, sur le conseil d'amis trop enthousiastes, elle s'avisa de débuter aux Bouffes dans le rôle de l'Amour, d'*Orphée aux enfers*. Le 27 janvier, la salle était comble. Tout Paris s'était donné rendez-vous à cette *première*; la curiosité était vivement surexcitée. Elle parut presque nue, constellée de diamants et eut, d'abord, un certain succès plastique. Mais lorsqu'elle se mit à chanter : « Je suis *Kioupidon* » avec accompagnement de gestes inénarrables, les sifflets éclatèrent de toutes parts et elle dut renoncer à ce genre d'exercice.

Ce fut son Waterloo. A partir de ce moment, malgré de nouveaux et retentissants exploits amoureux, malgré la passion folle qu'elle inspira à un brave garçon qui essaya de se tuer pour elle, malgré l'expulsion qui s'ensuivit, malgré la réclame, elle alla toujours en déclinant et finit par tomber dans le discrédit et le ridicule. On ne la voyait plus que, de temps à autre, fardée, maquillée, mal attifée, ressemblant à une vieille caricature enluminée. Ce qui lui attira un jour, en guise d'oraison funèbre, de la part de son ancienne amie Emilie Williams, avec qui elle s'était brouillée, cette épigramme sanglante :

— Va donc, vieux clown !

Peu après, elle disparaissait radicalement de la circulation.

V

Apparition d'une nouvelle couche de viveurs. — Le *Six* de la Maison Dorée. — Sa physionomie. — Origine de l'expression: *poser un lapin*. — Les habituées du *Six*. — Caroline Letessier. — Cellarius et Laborde. — Caroline Hassé. — Admirable trait de dévouement de Cora Pearl. — Chez Markowski. — *L'hôtel de Rambouillet*. — Réceptions naturalistes. — Le faux sourd ou le beau sexe mystifié. — Bals costumés aux *Frères Provençaux*. — Mabille. — Les étoiles du cancan. — Le château des Fleurs. — Le bal Morel.

Dans les trois dernières années de l'Empire, le *Grand Seize* avait beaucoup perdu de sa vogue et était à peu près complètement délaissé.

La brillante génération des *cocodès*, des viveurs de la grande période, s'était considérablement émiettée. Les uns, fatigués du demi-monde, qui n'avait plus de secrets pour eux, s'étaient réfugiés dans le vrai, où l'on s'amusait plus que jamais; les autres s'étaient mariés; quelques-uns, hélas! et non des moins endiablés, étaient morts sur la brèche... Une couche nouvelle de jeunes seigneurs, très ardents, très élégants eux aussi, apparaissait à la surface et se juxtaposait à l'ancienne.

Mais, la cohésion, l'ensemble, l'unité, commençaient à disparaître et il y eut comme une cassure, comme un court temps d'arrêt, pendant lequel le groupement changea, les vieilles habitudes se modifièrent légèrement.

Une coterie, formée de ce qu'il y avait de plus *select* et de plus fringant parmi les jeunes et de plus résistant, de plus opiniâtre, de plus épicurien, parmi leurs devanciers, établit son quartier général nocturne au cabinet numéro six de la *Maison Dorée* et y continua, avec des variantes, les traditions du *Grand Seize*.

Moins animé, moins suivi, moins homogène et moins intime que son ascendant du Café Anglais, le *Six* de la maison d'Or était, pourtant, le rendez-vous de l'élite masculine des coryphées de la grande vie, auxquels s'adjoignaient déjà insensiblement quelques individualités sympathiques et bien choisies d'une catégorie jusque-là moins haut perchée et moins en évidence.

Les étoiles de la galanterie, les grandes cocottes, n'y venaient point, comme chez Ernest, d'une façon assidue et régulière. Elles n'y paraissaient que de loin en loin, par occasion et presque toujours sous la conduite et la protection de leurs amoureux en titre.

Trois ou quatre femmes, encore assez effacées, cherchant à percer, d'un niveau moyen, d'une espèce qui germait à peine, telles que *mademoiselle Purée-Crécy*, *mademoiselle Boule de Gomme* et une ou deux autres formaient le noyau de ce cénacle, en somme assez ouvert. Pour le reste, c'était au petit bonheur, au hasard de la maraude : tantôt exquis, tantôt moins bien ; le plus souvent d'un panaché extraordinaire. L'institution se démocratisait.

On allait et on venait continuellement, on y passait en sortant du bal ou en s'y rendant. Cela ressemblait à une lanterne magique étourdissante que surveillait le fidèle Joseph, un maître d'hôtel fûté, actif et empressé, qui était à Ernest ce que M. de Moltke est à Napoléon, et dont les tableaux se renouvelaient plusieurs fois dans l'arrière-soirée.

Tous les potins, toutes les anecdotes, toutes les nouvelles à sensation y affluaient. On y bavardait, on y faisait des mots, on s'y querellait aussi volontiers ; on y soupait sans désemparer, on y... courtisait ces dames sans la moindre retenue. Mais dire qu'on s'y amusait follement serait peut-être exagéré. La décadence commençait à poindre.

C'est, cependant, là qu'a pris naissance le lapin, le fameux lapin, qui a fait fortune depuis et dont le high-life du temps présent, qui le met inconsciemment à toutes les sauces, ignore, sans doute, l'origine. Un jeune coureur de ma connaissance en fut l'inventeur et voici comment :

Ayant obtenu les faveurs d'une momentanée et négligé de lui en témoigner sa reconnaissance par un envoi solide, il eut l'idée géniale, après une chasse aux environs de Paris, de lui expédier, dans une bourriche, un superbe lapin, soigneusement empaqueté. Le soir, à la Maison d'Or, tout fier de son exploit, il dit à ses amis :

— Ah ! vous savez, une telle, à qui je n'avais rien donné !... *Je lui ai posé un lapin.*

Et il raconta l'histoire. Elle eut un succès fou. L'exemple fut suivi et l'expression adoptée par un petit clan de fashionables qui furent longtemps seuls à l'employer et à la comprendre. Puis, faute d'avoir été brevetée, elle tomba dans le domaine public, se généralisa, prit un sens plus étendu et, aujourd'hui, il est bien peu de femmes du monde, même les plus naïves et les plus bégueules, je n'irai pas jusqu'à dire qui l'emploient, mais qui ne sachent parfaitement ce qu'elle signifie. Que celle qui est absolument sûre de l'ignorer me jette la première pierre.

Au premier rang des irrégulières de haute marque, qui fréquentaient, à bâtons rompus et dûment chaperonnées, le *Six* de la Maison d'Or, il faut placer Caroline Letessier, une grande, belle, intelligente et séduisante fille, aux traits réguliers et fins, à la tournure tout particulièrement distinguée.

CORA PEARL

Elle avait débuté, à Turin, au théâtre français, sous les auspices d'un aimable diplomate ; et, bien qu'étant à cette époque un peu grêle, un peu mince, un peu fluette, elle avait eu, dans la capitale du Piémont, un très grand succès d'esprit et de beauté. Je la vois encore en débardeur, à un bal masqué du théâtre Meynadier, assise sur la balustrade d'une loge, interpellant à tort et à travers les arrivants et égayant la petite fête, assez terne du reste, par sa verve intarissable.

Admise, avec Honorine et Émilie Keller, aux soupers intimes du prince de Carignan, elle était très courtisée par les jeunes gens du corps diplomatique et de l'aristocratie turinoise, très élégante déjà et, relativement, calée. On l'appelait, alors, familièrement *Bibi* — je n'ai jamais trop su pourquoi.

Débarquée à Paris quelques années plus tard, remplumée, potelée, embellie, en plein épanouissement, elle fut bien vite remarquée, à la mode, cataloguée parmi les plus chic et les plus étincelantes. Elle eut des triomphes enviables, à ses pieds des cavaliers accomplis et très demandés ; elle alluma des passions violentes, dont une, quoique entrecoupée d'émotions, sujette à des soubresauts, témoigna d'une constance peu commune et ne contribua pas médiocrement à sa vogue et à son prestige...

Son règne fut éclatant, mais de courte durée. Elle passa comme un météore, disparut un beau matin sans tambour ni trompette, et j'ignore ce qu'elle est devenue...

Deux fois par semaine environ, au lieu d'aller au spectacle, les grandes cocottes et leurs attentifs ordinaires se transportaient tout tranquillement, après un dîner plus ou moins prolongé, tantôt chez Cellarius, tantôt chez Laborde.

Ces deux industriels tenaient, l'un dans le passage de l'Opéra, l'autre dans une des rues voisines du boulevard, un cours de danse qui, dans la journée, était suivi par des jeunes filles comme il faut, par des femmes de qualité, par d'honnêtes bourgeois et qui, dans la soirée, — certains soirs déterminés surtout, — devenait la propriété, le centre de réunion des demi-mondaines de haute volée.

Une salle basse de plafond, ornée de quelques glaces, entourée de divans d'une simplicité plus que bourgeoise et pouvant contenir au maximum une vingtaine de personnes, un éclairage rudimentaire, tel était le local de Cellarius et de Laborde.

On y passait, généralement, une heure ou deux ; ces dames, en toilette de ville d'une simplicité voulue. On y dansait modérément, correctement et décemment ; mais on y flirtait à bouche que veux-tu. On y voyait poindre, de temps à autre, des minois inconnus, des silhouettes juvéniles un peu intimidées. C'étaient des *nouvelles*, des premiers rôles du lendemain, qui, d'habitude, commençaient par se produire sur cette scène restreinte et y risquaient leurs premiers pas.

Un soir, il m'en souvient comme si c'était hier, j'avise, en arrivant chez Cellarius, une splendide créature à l'épaisse chevelure dorée, aux formes plantureuses ; grande, belle personne, rieuse, avenante, resplendissante de fraîcheur, de jeunesse et de luxure. J'ai nommé Caroline Hassé.

Elle était vêtue d'une robe foncée, assez fruste, lui allant mal et contrastant singulièrement avec les ajustements irréprochables d'élégance de ses voisines. Une de ses manchettes veuve de bouton — j'ai retenu ce détail — semblait indiquer qu'elle ne nageait point dans l'opulence. Et, malgré cela, malgré un accent alsacien on ne peut plus prononcé, elle était ravissante et désirable. Je ne me rassasiais pas de la regarder, de l'admirer et, à part moi, je me disais : « En voilà une qui fera son chemin !... »

Un mois après, en effet, on la voyait au Bois, nonchalamment étendue dans une calèche jaune, admirablement tenue ; mise à ravir, respirant le contentement, la prospérité, le luxe cossu et attirant tous les regards. La chance avait voulu qu'elle rencontrât *Taniel*, lequel s'était vigoureusement épris de ses charmes, l'avait couchée sur un lit de roses, de diamants et de billets de banque et ne paraissait nullement se préparer, à cette époque, au genre de célébrité qu'il a eu depuis...

Il l'avait mise de suite sur un très grand pied, au niveau des plus luxueuses et des plus en vue, et je ne sache pas qu'à partir du jour où on l'a juchée sur ce piédestal, elle en soit jamais descendue, même accidentellement. Elle a marché de conquête en conquête et a passablement fait parler d'elle. Son appartement de la rue de Ponthieu, où elle habitait la même maison que Cora Pearl, a été témoin de drames intimes très émouvants et, finalement, il a brûlé. Le hasard m'avait fait passer par là au moment de l'incendie. J'entre dans la cour pour voir ce qui se passe, et qu'est-ce que j'aperçois? Cora à la fenêtre, en chemise, criant de toutes ses forces à ses hommes d'écurie : « Le premier qui porte un seau d'eau chez la v.....e d'en haut je le f... à la porte !... »

Ces objurgations charitables n'empêchèrent point, fort heureusement, le feu d'être éteint, et la belle Caroline d'en sortir saine et sauve. Si bien qu'à l'heure qu'il est, elle habite, je crois, le Midi : très heureuse, très gaie, très entrain et étonnamment bien conservée, à ce qu'on assure.

Les soirs où l'on était occupé et en veine de faire la fête, on envahissait en nombre le bal Markowski, situé rue Cadet. Celui-là était un bastringue ordinaire, comme *Valentino*, fréquenté habituellement par le menu fretin, mais d'un ordre un peu plus relevé que ses pareils; plus élégant, mieux tenu, moins cohue et où il n'était pas rare qu'on fît la rencontre de quelques dames cocottes de la plus haute distinction. Il y en avait d'aucunes qui adoraient y aller à l'improviste et y faire l'école buissonnière...

Beaucoup de bals privés aussi chez ces dames, d'un luxe merveilleux, d'un entrain fou et d'une saveur rare. Pendant toute une période, qui dura trois hivers, l'une des plus opulentes et des plus répandues, qui habitait l'avenue des Champs-Élysées, offrit à ses amis des deux sexes des réceptions périodiques d'une originalité fantastique et d'un charme inédit. Sa maison, toujours ouverte, s'appelait, entre initiés, l'*hôtel de Rambouillet*.

Hommes et femmes n'y étaient admis que sur la constatation de... leur nudité, dépouillée de voile et de tout artifice; costume de rigueur, consigne inexorable ne souffrant aucune exception. C'est assez dire le ton qui y régnait et les folies auxquelles se livraient les invités, que l'absence complète de feuille de vigne rendait, naturellement, très communicatifs. Il n'est pas de farces, de gaudrioles, de gamineries, de mystifications que les boute-en-train de la bande n'inventassent sans discontinuer. C'était un fou rire perpétuel, une bacchanale abracadabrante. Un de ces joyeux compères, entre autres, avait imaginé un truc des plus amusants.

Il se faisait passer pour sourd auprès du sexe ennemi, qui, d'abord un peu défiant, finissait par donner, tête baissée, dans le panneau. On avait beau le soumettre aux épreuves les plus terribles et les plus décisives, lui casser, au moment où il s'y attendait le moins, des piles d'assiettes sous le nez, essayer de le pincer en flagrant délit de supercherie : rien ne réussissait. Il restait impassible et ne bronchait jamais. Si bien que son infirmité était chose acquise et consacrée.

Il en résultait que les belles petites ne se gênaient point pour échanger ingénument et paisiblement leurs confidences devant lui :

— Ah ! tu peux parler, va ! Il n'entend rien.

— Pauvre sourd ! A son âge c'est triste tout de même !

Et les conversations féminines, les confidences sur le sexe mâle, les secrets d'alcôve de se donner un libre cours et de s'étendre avec complaisance.

On juge de tout ce que le faux sourd entendait, de tout ce qu'il avait ensuite à raconter aux camarades et de l'explosion de fureur qui l'accueillit lorsqu'il avoua, froidement, un beau jour, que sa surdité était simulée, que même il avait l'oreille très fine... Les femmes voulaient le lapider. Elles l'accablèrent de reproches et d'invectives sur le moment; mais ne lui gardèrent pas rancune longtemps. C'était trop bien joué.

Par surcroît, la saison d'hiver demi-mondaine se terminait, généralement, très brillamment par un ou deux bals masqués organisés aux *Frères Provençaux*, où la tradition et la routine voulaient que les élégants donnassent toutes leurs fêtes.

Ces bals, très peu nombreux, puisqu'ils n'étaient composés que de la coterie fermée et exclusive des viveurs émérites, superlativement chic et de la fleur de la haute bicherie, avaient un caractère intime d'un fashionable suprême et d'un grand attrait.

Tout le monde y était déguisé : les femmes, toutes voiles dehors, aussi parées, aussi pimpantes qu'il était en leur pouvoir : les hommes, en costumes bizarres, burlesques et amusants, souvent très réussis et très artistiques, toujours drôles et sans prétentions. Celui qui aurait entrepris de faire des effets de torse eût été honni et conspué. Il serait tombé dans le ridicule et ne s'en serait jamais relevé.

Comme on était entre gens du même monde, entre amis, sans un intrus, sans un gêneur, la pose était entièrement bannie de ces réunions, la fantaisie régnait sur toute la ligne et on s'y esbaudissait à qui mieux mieux en pleine liberté. On y dansait un cancan échevelé, que plusieurs d'entre nous exécutaient avec un talent des plus remarquables, et on rentrait chez soi, à neuf heures du matin, défrisé, les vêtements en désordre, dans un état de surexcitation et de trouble cérébral à consterner et ahurir, à leur petit lever, les honnêtes familles...

A l'apparition du printemps, *Mabille* et le *Château des Fleurs* ouvraient leurs portes à deux battants et devenaient alternativement — un soir l'un, un soir l'autre — le point de concentration de l'aristocratie demi-mondaine.

Mabille avait le pompon. Un joli jardin, très soigné, pas trop grand, commodément agencé d'un abord facile, puisqu'il était situé avenue Montaigne, et d'une incomparable animation : voilà l'endroit. Avec cela, des célébrités chorégraphiques très intéressantes et assez relevées, si on les compare à celles qui leur ont succédé ; des conversations bruyantes, des éclats de rire, des épisodes comiques, des toilettes resplendissantes.

Devant le grand *hall* couvert, où l'on dansait les jours d'orage, dans le coin *select* et réservé, l'escadron volant des grandes cocottes, en masse compacte et ne bougeant guère que pour faire une courte promenade au bras d'un étourdissant *cocodès*.

Autour de l'orchestre, Rigolboche, Alice la Provençale et les autres, avec leurs cavaliers, dansant le cancan, le vrai cancan, le cancan classique, spirituel, sobre, lascif et effronté sans être vulgaire, bien parisien et qui n'avait rien de commun, entre parenthèses, avec la gymnastique outrée, disgracieuse et sans règle aucune qu'on lui a substituée aujourd'hui.

La reine du *chahut* était Rigolboche, une personnalité très curieuse, très originale, qui a eu son heure de grande vogue, qui a fait époque dans les annales de la vie galante et avec laquelle s'est éteinte une variété de *demoiselles* qu'elle incarnait.

Elle était franchement laide, avait une tête de morte, une voix de rogomme, un parler d'un réalisme effrayant, mais énormément d'esprit, une verve intarissable et un corps d'une rarissime perfection de formes. Elle menait grand train, possédait des diamants mirobolants, prenait ses amants dans le clan le plus en évidence et marchait de pair avec les horizontales de grande envergure ; quitte à s'oublier par-ci, par-là dans le ruisseau, par entraînement ou nécessité professionnels. Rien de la *Goulue* ni de *Grille d'Égoût*.

Quant au *Château des Fleurs*, qui s'élevait aux Champs-Élysées, vers l'emplacement occupé actuellement par le quartier Marbeuf, c'était la reproduction estompée et affaiblie de *Mabille*. Il a disparu le premier...

J'allais oublier le *bal Morel*, un bal populaire, une fête foraine, à cinquante centimes d'entrée, pour les *titis*, les petites ouvrières, les cuisinières, les cochers, et qui avait lieu le 15 août, à l'abri d'une tente improvisée, sur l'esplanade des Invalides. Il était de tradition constante que les patriciennes de la galanterie, restées à Paris, s'y rendissent en grisettes, escortées de leurs sigisbées les plus fidèles et les plus allants. Elles n'auraient manqué, à aucun prix, cette bonne aubaine et s'amusaient, cette nuit-là, comme des écolières en vacances...

J'imagine que la haute noce fin de siècle mépriserait profondément un sport aussi primitif!

VI

Les demi-castors. — Une coterie de demi-castors. — Madame Musard. — Ses débuts. — Une maison très gaie. — Equipage improvisé. — L'entrevue de Bade. — De l'influence d'un paquet d'actions sur une existence. — Lucy de Kaulla. — Un magasin de modes à Saint-Pétersbourg. — Vieux ministre et femme remuante. — Anna Mikaélis.

On sait ce que c'est que les demi-castors : des amphibies, moitié femmes du monde et moitié cocottes; ayant des premières l'étiquette et les prétentions ; des autres, les mœurs légères, la nature, les procédés et... l'absence de préjugés.

Pendant les belles années du second empire, il en existait, outre les isolées, une petite bande très compacte, très répandue, très lancée, composée d'une demi-douzaine de femmes, séduisantes, spirituelles, rouées, vivant dans une étroite intimité, formant coterie, courant perpétuellement les aventures, allant au bal de l'Opéra, aux redoutes d'Arsène Houssaye, partout où il y avait de la coquetterie à dépenser et des hommes à entortiller, et ayant conservé, malgré cela, quelques liens avec la société à laquelle elles appartenaient par leur naissance et leur situation.

Elles avaient jeté leur bonnet par-dessus les moulins, changeaient d'amant comme de toilette, menaient une vie de polichinelle, faisaient une fête échevelée, intriguaient sans désemparer, et étaient connues de tous les viveurs, qui les fréquentaient *en catimini* et se livraient, parfois, en leur compagnie, à des débordements inimaginables.

On écrirait des volumes sur les parties fines inventées par ces dames, qui étaient douées d'une imagination extraordinaire, qui possédaient, dans un quartier lointain, une *Tour de Nesle* où il se passait des scènes dignes des Romaines de la décadence, et qui n'avaient pas de rivales dans l'art de stimuler le désir, de perfectionner l'amour charnel...

Mais, comme elles gardaient certains ménagements, comme elles se rattachaient, qui à une famille, qui à un milieu leur permettant de sauver, jusqu'à un certain point, les apparences; comme elles vivaient, pour la plupart, dans un intérieur respectable et continuaient, aux yeux du public, à faire partie du vrai monde, je n'ai point à m'en occuper ici.

Ce dont je veux parler, c'est des demi-mondaines célèbres ayant partagé les triomphes bruyants, l'existence nettement tranchée des grandes cocottes, avec lesquelles on les a souvent confondues et qui, soit par un mariage avoué et affiché, présent ou passé, soit par la supériorité de leur origine, de leur éducation et de leur niveau, forment une caste à part et doivent être rangées dans la catégorie des demi-castors.

De ce nombre, et en toute première ligne, est la fameuse madame Musard, qui a tant défrayé la chronique et qui a émerveillé Paris du luxe et de la perfection de ses équipages.

Une brume épaisse couvre ses débuts. Sa patrie était l'Amérique, où elle végétait dans la médiocrité, lorsqu'un beau jour, le hasard, le besoin de chercher fortune aussi peut-être, firent débarquer dans la ville qu'elle habitait le fils du renommé chef d'orchestre parisien.

Elle était jolie, très intelligente, s'assimilait tout avec une surprenante facilité, quoique d'une extraction plus que bourgeoise; parlait couramment le français et sentait en elle de vagues aspirations à élargir son horizon. Monsieur Musard la voit, s'en éprend, comme de juste, follement, lui fait la cour et l'épouse...

Peu après, elle vient, avec son mari, à Paris, qui devait être le théâtre de sa prodigieuse carrière et s'installe, d'abord, modestement dans un petit appartement de la rue de Marignan.

Bien pauvrette, bien mesquine, cette première installation ! Le clinquant et le prétentieux s'y mêlent à la débine et au désordre ; tout y respire la gêne en même temps que l'ambition et l'ostentation. Ce qui n'empêche pas, à ce qu'on assure, la belle locataire de recevoir de fréquentes visites masculines, de compter, dès le principe, de nombreux succès, et de s'amuser, sans marchander, aussi souvent que l'occasion s'en présente.

La maison est d'une gaieté fantastique. Elle a, du reste, de quoi être gaie, car elle renferme trois ou quatre logements de garçon occupés par des jeunes seigneurs très à la mode, très en train, très enlevés, figurant au premier plan du Tout-Paris aristocratique et fashionable et ne demandant qu'à se donner du bon temps. On pense si l'on rit, si l'on festoie, si l'on s'agite, si l'on se retrouve aux bons endroits dans ce caravansérail de noceurs triés sur le volet, et si les relations de bon voisinage qui s'établissent entre eux et la débutante contribuent à la mettre en lumière et à la lancer...

Rien ne peut donner une idée de la physionomie pimpante et animée de l'immeuble privilégié de la rue de Marignan. C'était une fête perpétuelle, un sabbat ininterrompu, une suite d'épisodes scabreux sans cesse renouvelés. Mais le plus piquant de l'affaire, c'est que ce premier domicile de madame Musard et l'entourage qu'il lui procura, sans le moindre effort de sa part, eurent sur sa destinée une influence considérable, peut-être même décisive et voici de quelle façon :

Une après-midi de printemps et sur le coup de deux heures, un des fringants *gentlemen* de la maison, qui occupait le rez-de-chaussée et qui achevait sa toilette pour sortir en cabriolet, voit tout à coup s'arrêter devant sa fenêtre un équipage criard aussi prétentieux que de mauvais goût, mal attelé, mal tenu et traîné par deux chevaux assez médiocres. Fort surpris de l'apparition inattendue de ce singulier carrosse, qui semblait tombé des nues, il l'examinait avec curiosité et faisait à part lui les réflexions les plus désobligeantes sur son propriétaire, lorsqu'il entend frapper discrètement à sa porte :

— Peut-on entrer ? murmure une petite voix câline.

— Certainement, répond le *gentleman*, qui a reconnu le timbre argentin de la jolie Américaine, sa voisine.

Et, sans plus tarder, il se précipite sur le verrou et introduit la visiteuse :

— C'est moi, dit celle-ci en s'installant dans un fauteuil avec une désinvolture parfaite ; moi, qui viens vous demander un conseil d'ami que vous ne me refuserez pas.

— Vous savez bien que je n'ai rien à vous refuser...

— Eh bien, voilà : vous voyez cette voiture qui

stationne dans la rue? c'est la mienne. Je suis très novice en matière d'élégance hippique et je voudrais avoir votre avis sur l'attelage en possession duquel je suis entrée depuis ce matin et dont je vais me servir tout à l'heure pour la première fois. Regardez-le et dites-moi très franchement si vous le trouvez bien ou, dans le cas contraire, ce qu'il y aurait à y changer.

— Ma foi, j'avoue que vous m'embarrassez singulièrement. Je manque de la compétence voulue pour vous renseigner avec autorité. Mais, attendez donc... (se frappant le front comme quelqu'un à qui il vient une inspiration subite) j'ai un ami, qui demeure tout près d'ici et qui pourra vous guider plus sûrement que qui que ce soit dans l'installation de votre équipage. Je cours chez lui et je vous l'amène.

— Parfait! allez vite; je vous attends.

Et voilà notre homme qui vole chez l'ami en question, lequel n'était autre que le fameux comte G....y de L. T....r d. P....n, la fleur des dandys, l'arbitre incontesté du chic et de l'élégance, et l'un des deux ou trois cavaliers qui, ayant atteint leur apogée sous le règne de Louis-Philippe, continuaient à occuper Paris de leur étincelante personnalité.

Selon son habitude il était couché, car il ne se levait qu'entre cinq et six heures pour aller dîner à huit au café Anglais, où chaque soir on le voyait trôner à une table réservée, lavant, l'une après l'autre, de ses mains patriciennes et avec un imperturbable sérieux, les pièces de vaisselle et d'argenterie dont il se servait pour manger.

C'est dire que l'ambassadeur extraordinaire de madame Musard ne fut pas sans éprouver d'abord quelques difficultés dans l'accomplissement de sa mission. Il eut toutes les peines du monde à se faire écouter et à arracher le comte à son sybaritisme invétéré. Mais l'éloquence et l'amitié, sans doute aussi la perspective entrevue d'être agréable à une jolie femme, triomphèrent de la paresse et firent si bien que M. de L. T...r d. P...n consentit à s'habiller à la hâte et à suivre son ami.

On arrive bras dessus, bras dessous, chez ce dernier, où l'on se souvient qu'était restée la néophyte. On fait connaissance, on échange rapidement quelques compliments. Après quoi le comte, ayant jeté un coup d'œil de connaisseur sur l'étonnante calèche soumise à son appréciation et esquissé un imperceptible sourire, prononce négligemment la sentence :

— Mon Dieu, madame, il y a beaucoup à reprendre et à retoucher dans tout cela. Mais je n'ai pas sous la main ce qu'il faut pour exécuter, séance tenante, les modifications indispensables. Si vous voulez, demain, faites venir ici, à quatre heures, deux ou trois ouvriers carrossiers, avec leurs outils, de la peinture, des accessoires de rechange, et autant d'ouvriers selliers, je ferai moi-même une exception en votre faveur : je me lèverai à trois heures ; et, en ma présence, d'après mes indications, tout sera mis au point en très peu de temps.

L'offre est acceptée, cela va sans dire, avec empressement, et le lendemain, à l'heure convenue, le grand écuyer improvisé, à la tête de son personnel technique, procède à la réfection complète de l'équipage de la belle Yankee.

Il taille impitoyablement dans les harnais, supprime des cuivres, enlève un morceau de cuir par-ci, en rajoute un autre par-là ; fait passer une couche de noir sur les parties trop voyantes du carrosse, rechampir le train avec des couleurs appropriées à l'ensemble, donner le coup de fion et la touche élégante à tout. Si bien qu'en moins de trois heures il a mis sur pied un équipage très convenable, ayant bon air et qui, sans atteindre encore la perfection, — il s'en fallait, — devait être le précurseur de ceux qui épatèrent ensuite les populations.

Ceux-là ne vinrent que pas mal plus tard, avec la fortune, avec l'opulence, qui tomba du ciel de la manière la plus inattendue et la plus romanesque.

Ce fut un voyage à Bade, déplacement fort à la mode en ce temps-là, qui changea la face des choses et fit couler le Pactole aux pieds de madame Musard.

Elle rencontra dans ce lieu de délices le roi de

Hollande, qui fut subjugué par ses charmes et qui, ne sachant comment lui manifester son tendre attachement, lui fit présent d'un gros paquet d'actions de je ne sais plus quelle mine américaine grevée d'un procès douteux et d'un avenir plus qu'aléatoire.

Rentrée à Paris avec ce mince trésor, elle cherche à en tirer parti, éprouve d'abord de grandes difficultés et finit par mettre la main sur un homme d'affaires qui consent à se charger du procès sous la condition, en cas de gain, de partager les bénéfices avec sa cliente.

L'affaire est gagnée; les actions royales acquièrent une valeur phénoménale et l'heureuse propriétaire de ces titres, qui ne s'attendait pas à une pareille aubaine, devient tout à coup colossalement riche.

Elle s'installe dans un somptueux hôtel, avenue d'Iéna, achète un beau château aux environs du Havre, loue une loge à l'Opéra — au deuxième rang entre les colonnes, — mène un train d'enfer, reçoit la cour et la ville, et vit complètement en femme du monde, en compagnie de son époux qui fait les honneurs de sa maison et ne la quitte pas plus que son ombre.

Mais ce par quoi elle se signale surtout, c'est par la magnificence, le luxe et le bon goût de ses équipages, qui font sensation et comptent désormais parmi les plus beaux et les plus irréprochables de Paris. Elle a une Daumont qui marche de pair avec celle de l'impératrice, et, pour cocher, un personnage, le fameux Charlies, qui a appartenu à lord Pembroke et qu'elle a adroitement soustrait au comte de L....e, son nouveau maître.

Splendeur féerique, ressemblant plus à un conte des *Mille et une Nuits* qu'à une histoire vraie du dix-neuvième siècle, mais éphémère et que l'infortunée devait, à la fin de son existence, cruellement expier.

Un jour, en pleine prospérité, jeune encore, entourée d'hommages, en chassant dans sa propriété, toujours en fête et remplie d'invités, elle reçoit un plomb dans l'œil, qui la défigure entièrement.

Par la suite, le mal empirant, elle devient presque aveugle, évite de se montrer en public, fuit le monde et le mouvement, se retire dans son foyer, et demeure isolée et ignorée, au milieu de ses richesses et de ses objets d'art — dont elle ne jouissait plus, hélas! — jusqu'à sa mort. . . . . , ...

Un autre type bien curieux, bien séduisant et bien amusant, une variété de la même espèce qui se détache très distinctement du groupe et qui a fait un certain bruit dans Landerneau, c'est Lucy de Kaulla.

Née dans une famille riche et considérée d'outre-Rhin, elle épouse très jeune un homme de mérite, qui, à la suite d'une aventure bruyante, ne tarde pas à lui rendre sa liberté, et elle vient à Paris où elle se jette à corps perdu dans la vie galante.

D'une taille au-dessous de la moyenne, mince, presque maigre, les cheveux châtains, les yeux superbes, la physionomie étonnamment vive, mobile et intelligente, elle est piquante sans être régulièrement jolie et possède au suprême degré ce qu'on appelle la beauté du diable, mais d'un diable très câlin, très doucereux, très comme il faut, très parfumé, et d'autant plus suggestif et dangereux qu'il cache ses griffes sous l'enveloppe la plus aimable et la plus attirante qu'on puisse rêver.

Parfaitement bien élevée, grande dame dans ses façons, autant qu'on peut l'être, pétillante d'esprit, de verve et de malice, elle excelle à tenir le sexe laid sous le charme de sa conversation et à lui mettre le bandeau de l'amour sur les yeux.

Faculté dont elle abuse toutes les fois que son intérêt l'exige, étant rouée et habile comme on ne l'est pas et sans scrupule aucun, mais dont elle aime à se servir pour se montrer franchement aimante, voluptueuse et bonne enfant quand la question d'argent n'est pas en jeu.

Des conquêtes elle en a fait à gogo, cédant sans trop se faire prier, au hasard des circonstances, espérant toujours trouver le merle blanc qui s'emballera dans les grands prix et s'attardant volontiers, chemin faisant, à des distractions sans résultat.

Ce qui s'ensuit est facile à deviner. Elle tombe dans la dèche la plus noire et, harcelée par ses créanciers, se décide, un beau matin, à partir pour Pétersbourg, qu'elle estime, non sans raison, devoir être propice à la réalisation de ses rêves.

Là elle monte, pour la frime, un grand magasin de modes, à la porte duquel font queue toutes les élégantes de la capitale moscovite et tient, en réalité, un salon politico-mondain, que fréquentent tous les hauts dignitaires, influents et cossus du gouvernement. Elle acquiert une véritable puissance, intrigue en grand, manœuvre avec une rare finesse, affiche des caprices pendant que, secrètement, elle enguirlande et plume les gens sérieux, fait fortune en trois ou quatre ans, et revient à Paris où elle s'établit fastueusement.

On sait le reste. Elle ensorcelle un ministre de guerre, vaillant soldat, mais vieux galantin un peu naïf avec les femmes, le compromet dans des tripotages de fournitures et est obligée de quitter la France, sous l'inculpation d'espionnage : ce que je ne crois pas qu'elle ait jamais mérité. Roublarde, remuante, intrigante, peut-être ; mais espionne, allons donc !...

Pas plus, à mon avis, que sa compatriote Anna Mikaélis, sur qui n'a plané, à aucun moment, le moindre soupçon et qui n'a laissé parmi nous que de doux souvenirs.

Adorable et enivrante créature aussi celle-là

avec sa chevelure d'un blond doré, ses yeux d'une douceur angélique, sa tête de vierge de Raphaël, sa taille svelte et élancée et sa tournure éminemment aristocratique.

On lui aurait donné le bon Dieu sans confession et elle avait le diable au corps. Romanesque, impressionnable comme une Allemande qu'elle était, elle se toquait facilement et se détoquait avec la même facilité ; se prodiguant, se livrant, tant que durait le coup de soleil, et redevenant froide et impassible après. Modeste et bourgeoise dans ses aspirations, son genre de vie et ses revenus, elle sut maintenir, malgré tout, une solide et longue liaison avec un grand seigneur, à qui elle ne demandait, en retour de sa constance, qu'un peu de confortable et de liberté.

Au total, — à l'intelligence près — une attrayante personne, une beauté très savoureuse et une excellente camarade.

VII

Silhouettes de demi-mondaines. — Lucile Mangin. — Une villa à la Malmaison, — Adèle Rémy. — Histoire d'une escarpolette et d'un jardinier. — Juliette Beau. — Un roman qui finit bien. — Rosalie Léon — Un dénouement doublement tragique — Soubise.

LUCILE MANGIN

Une des étoiles les plus apparentes du demi-monde sous le second Empire ; la quatrième ou la cinquième par ordre de grandeur et d'importance.

Elle faisait partie de la coterie éblouissante en tête de laquelle était Adèle Courtois, dont elle fut et dont elle est restée l'amie intime et elle brillait au premier rang du Tout-Paris galant des premières représentations, du Bois, du café Anglais, de Mabille, des bals de l'Opéra.

Sans être d'une beauté classique et absolument irréprochable de régularité, Lucile était ce que l'on est convenu d'appeler une belle personne. Un visage agréable, de jolis yeux, des cheveux châtains, une taille élancée, une tournure admirable, un air de grandeur répandu sur toute sa personne, beaucoup de race et de *branche*, la rendaient singulièrement attrayante, en dépit d'un peu de sécheresse dans la physionomie, d'un je ne sais quoi de froid dans l'expression, et faisaient que, nulle part, — même à côté de femmes plus belles et plus troublantes qu'elle, — sa personnalité ne passait inaperçue.

Ajoutez à cela une élégance parfaite, un grand luxe, de beaux bijoux, des équipages d'une impeccable correction, de l'amabilité, du savoir-faire à en revendre, de charmantes façons, du vice à l'occasion, de quoi satisfaire les plus gourmands, et vous aurez le secret de ses succès retentissants et ininterrompus.

Elle en eut à foison, des plus enviables, et, chose remarquable, à partir du jour où elle parvint au sommet de l'échelle, jamais elle n'en redescendit un seul échelon; à aucun moment de sa brillante carrière, elle ne connut la gêne et ne subit une éclipse. La prospérité la suivit jusqu'à la fin.

Non qu'il n'y eût en elle des côtés bohèmes et des écarts de fantaisie. Elle aimait, de temps à autre, à s'offrir, à huis clos, en toilette rudimentaire et les coudes sur la table, de petits repas débraillés, dont une tranche de cervelas et une bouteille de *grand château bleu* faisaient tous les frais. Elle ne dédaignait pas non plus les fugues capricieuses et sans apprêt à l'avenue de La Motte-Piquet.

Mais par contre, elle avait du goût pour la bonne compagnie, et, si elle se compromettait sérieusement avec l'armée française, qui était loin de la laisser insensible, elle s'arrangeait, généralement, pour que le jeune officier de son choix fût un homme du monde accompli, fashionable, bien épaulé, prodigue et... calé. Aussi a-t-elle amassé un magot qui lui permet de vivre, jusqu'à la fin de ses jours, dans une honnête aisance.

Lorsque vous passerez par Rueil, en allant à la *Grenouillère*, vous verrez, non loin de ce qui fut autrefois la Malmaison, un ravissant *cottage* enfoui dans un nid de verdure. Regardez-le bien. C'est là que respire, paisiblement, en compagnie d'une myriade de riants souvenirs et de quelques fidèles amis, toujours séduisante et accueillante, à ce qu'on assure, une des plus glorieuses épaves de la *vieille garde*, la célèbre Lucile Mangin.

ADÈLE RÉMY

Une blonde, celle-là, avec une chevelure étonnante, épaisse, soyeuse, à reflets chatoyants et qui, dénouée, la couvrait tout entière, traînant même de plus de dix centimètres par terre.

Jolie à croquer grande, — elles l'étaient presque toutes, les hétaïres de ce temps-là, — bien faite, douce, rieuse, câline, intelligente comme un singe, originale et amusante, elle avait une tenue d'ambassadrice, des manières exquises, un ton irréprochable et cachait, sous ces dehors innocents, un tempérament de feu, une imagination absolument dévergondée, une dépravation d'esprit et de sens qui, dans le tête-à-tête, se donnaient libre carrière sans aucun frein, sans le moindre scrupule; ajoutant du piquant, du capiteux et de l'imprévu à ses charmes, la rendant désirable, attachante, ensorcelante au suprême degré. Quand on l'avait connue et aimée, quand on avait mordu à la pomme, c'était fini: on ne pouvait plus la quitter.

Aussi bien avait-elle un penchant prononcé pour le collage, pour l'existence pot-au-feu, et préférait-elle les longues liaisons aux caprices et aux changements perpétuels, prétendant qu'ils étaient faits pour les gloutons, pour les natures grossières, et que seules l'habitude, la répétition, la connaissance approfondie des facultés, de la virtuosité, du système et des manies réciproques permettaient de creuser le sujet à la profondeur voulue et de savourer le plaisir en gourmets. A l'encontre de cet aphorisme, plein d'astuce, de Rabélais : *Changement d'herbage réjouit les bœufs...*

Donc, malgré son élégance raffinée, malgré

le luxe dont elle était entourée et l'argent qu'elle dépensait à pleines mains, autant et plus encore pour son intérieur et sa personne, soignée jusqu'à l'exagération, que pour la pompe extérieure, son train de vie était plutôt bourgeois et tranquille. Elle jouait à la femme mariée, se montrait peu en public et, très admirée de ceux qui la connaissaient, faisait, somme toute, moins parler d'elle que la plupart de ses rivales en beauté et en galanterie.

Ne pas croire, cependant, qu'elle eût l'humeur sombre, l'amour triste et les allures compassées plus que de raison. Il s'en fallait du tout au tout, et personne, au contraire, dans le particulier, dans le cercle étroit où il lui plaisait de se renfermer par sybaritisme, n'était plus libre, plus gamine, plus sans-gêne, plus risquée.

Les épisodes inconvenants, scabreux ou drolatiques abondent dans son histoire, et, pour les citer, je n'aurais que l'embarras du choix. Elle eut, entre autres, une amusante aventure qui me revient à la mémoire et que je vais essayer de raconter :

C'était en pleine floraison des belles années *de corruption*, du temps, si mes souvenirs sont exacts, où elle avait pour amant un sémillant maître des requêtes au Conseil d'État.

Comme elle adorait le calme et la douce indolence des champs, elle avait loué, pour l'été, aux environs de Senlis, une coquette maison de campagne, entourée d'un jardin planté de grands arbres, où elle filait le parfait amour avec son objet. Or, au bout du jardin, tout auprès de la haie touffue qui le séparait de la propriété voisine, se trouvait une escarpolette accrochée à deux marronniers.

Un matin, la brise était fraîche, le soleil radieux, l'atmosphère embaumée, les oiseaux chantaient dans le bocage et le couple amoureux s'était levé de meilleure heure que de coutume. Si bien que, pendant que madame achevait sa toilette, monsieur, pour tuer le temps, se balançait mollement sur l'escarpolette en attendant sa dulcinée.

Elle arrive, au bout d'un instant, pimpante, animée, folâtre, excitée par les senteurs printanières, l'œil enflammé, le teint reposé, dans un délicieux déshabillé transparent et lascif que rendait encore plus sensuel l'absence presque totale de dessous, et, apercevant son Roméo lentement bercé par un mouvement rythmé, voluptueux, *déjà vu*, une idée diabolique lui traverse l'esprit...

Sans hésiter, sans réfléchir, elle s'élance sur... la balançoire et, ma foi, l'occasion, l'herbe tendre et la cadence aidant... elle oublie, avec délices, dans un rêve céleste, — le plus enivrant et le plus complet, paraît-il, qu'elle ait jamais fait, — les fatales convenances.

Par malheur, derrière la haie, la haie traîtresse que l'on croyait impénétrable et dont on ne s'était pas assez défié, une prunelle indiscrète, — celle du jardinier d'à côté, — avait tout vu, tout détaillé, tout dégusté... Le témoin importun fut bavard, l'affaire s'ébruita dans le pays, et les pauvres tourtereaux, dévoilés, montrés au doigt, durent déménager lestement, à la cloche de bois.

JULIETTE BEAU

Juliette la Marseillaise, comme on l'appelait, nous vint de la Canebière, à dix-huit ans à peine révolus, s'imposa dès son arrivée à Paris et y tourna de suite toutes les têtes.

Un vrai bouton de rose que cette blonde enfant du Midi, jolie à faire succomber saint Antoine en personne, mince, distinguée, un peu naïve, avec une peau d'une blancheur éclatante, un teint invraisemblable de pureté et de fraîcheur, de fines attaches, un petit corps bien proportionné, suivi dans toutes ses parties et d'une perfection de formes vraiment extraordinaires.

Je me souviens que, tout nouvellement débarquée, dans une soirée interlope où on l'avait amenée et où tous les hommes, frappés de sa jeunesse et de sa beauté vierge de cosmétiques, s'empressaient autour d'elle avec curiosité et admiration, elle acceptait les compliments de très bonne grâce, sans fausse modestie et sans chercher à dissimuler qu'elle était ravie de plaire.

Elle eut même, à un certain moment, un mouvement charmant dans sa simplicité, qui acheva de lui conquérir tous les suffrages. Comme on venait de s'extasier sur la splendeur de sa gorge, qu'un décolletage bien compris faisait plus que de laisser soupçonner, elle désemprisonna, avec le plus grand calme, ses deux seins ronds et potelés et, les présentant à la galerie, elle dit le plus tranquillement du monde : « Est-ce moulé, ça ! »

C'était moulé, en effet, et joliment moulé encore... La réponse des spectateurs ne se fit pas attendre; ce fut un tonnerre d'applaudissements.

La vie galante de Juliette Beau fut un roman, ce qui est peu fréquent dans la partie, et un roman qui finit bien, ce qui est rare partout. Après avoir essayé du théâtre et joué dans *Daphnis et Chloé*, d'Offenbach, elle quitta la scène, marcha de triomphes en triomphes, éblouit le demi-monde et le monde entier de son opulence et fut très vite accaparée par un noble étranger, d'une race illustre, immensément piastreux, qui en devint fou, vécut avec elle maritalement, lui donna, d'abord, les plus beaux diamants de Paris, des diamants célèbres, connus et enviés de toutes les femmes, et finit par lui donner son nom, qui ne valait pas moins que sa fortune.

A partir de ce jour-là, la belle Juliette, comme les peuples heureux et les femmes honnêtes, n'eut pas d'histoire. Elle se renferma dans son rôle d'épouse légitime, qu'elle prit au sérieux comme si elle l'avait joué de toute éternité, fut irréprochable, sérieuse et disparut du monde où l'on s'amuse.

On ne la voit plus dans les avant-scènes des petits théâtres, où la lorgnette était accoutumée à la chercher et où son absence fait réellement un grand vide pour tous ceux qui ont connu le bon vieux temps.

ROSALIE LÉON

Encore une qui, après avoir été l'une des reines de la grande vie et de la phalange demi-mondaine, après avoir éclaboussé le Paris viveur de son luxe et de ses conquêtes, s'est ensevelie dans un mariage princier!

Jolie, elle l'était à coup sûr, avec ses cheveux d'un blond presque roux, son regard doux et voluptueux tout à la fois, son profil fin et régulier, sa taille svelte et cambrée, cette avenante fille bretonne débarquée un beau matin de son village sous la protection de je ne sais plus quel acteur, qui la ramena d'une tournée de province.

Mais ce qu'elle avait surtout, ce qui lui imprimait un cachet spécial et la distinguait de ses pareilles, c'était une surprenante distinction, un usage du monde pour ainsi dire inné, une intuition des belles manières et des formes de la bonne compagnie qui frappaient à première vue, que l'on remarquait davantage dès qu'on avait causé cinq minutes avec elle, et qui eut très certainement une influence énorme sur sa destinée.

Il est certain qu'elle avait bien plus l'air d'une petite marquise, piquante, romanesque et un brin licencieuse, comme celles du dix-huitième siècle, que d'une cocotte dans la circulation. Donc rien d'étonnant à ce qu'elle n'y restât pas longtemps.

Même dans les premières années, où elle voltigeait, comme les camarades, sans parvenir à se fixer, même avant de rencontrer celui qui devait l'associer à son existence, elle avait un genre de vie et des allures un peu à part. Point bégueule, il est vrai, très naturelle et très bonne enfant avec les femmes de son milieu, qu'elle fréquentait sans affectation ni pruderie lorsque l'occasion s'en présentait et dont elle était très aimée ; mais déjà réservée, ayant son quant à soi, cherchant à s'isoler et visant tout doucement à l'individualité.

Il allait de soi que, du moment où elle trouverait sa moitié de poire, où elle serait casée selon ses rêves, l'évolution serait complète. L'aimable et séduisant prince étranger, beau comme l'antique, riche comme Crésus, que sa bonne étoile mit sur son chemin, n'eut pas de peine à en faire une compagne digne de lui ; elle y était toute préparée.

Insensiblement, elle rompit avec ses anciennes relations, devint une femme du monde dans toute l'acception du terme, donna des dîners *select* dans un hôtel somptueux, dont elle faisait les honneurs avec infiniment de grâce et de tact, se consacra tout entière à son seigneur et maître, qui, du reste, la comblait et s'en fit tellement adorer, lui devint si indispensable, qu'après quelques années de cette intimité aussi étroite que possible, il se démit de ses fonctions diplomatiques et posa sur sa jolie tête une couronne de princesse...

Pourquoi, arrivée au port, en possession d'un bonheur et d'une situation inespérés, au lieu d'en jouir paisiblement, se mit-elle à abuser de l'éther au point qu'elle en mourut à la fleur de l'âge? Je l'ignore.

L'ennui l'a-t-il gagnée? A-t-elle éprouvé, sur le tard, la nostalgie de l'indépendance et des unions libres? Mystère!...

Lui, il eut un désespoir affreux. Il alla s'enfermer dans le grand château qu'il avait fait construire pour elle au beau milieu de cette Bretagne d'où elle était sortie humble, pauvre et obscure et, peu de temps après, il rendit son âme à Dieu...

Dites donc, après cela, que les conceptions des romanciers sont purement du domaine de la fiction!

EMMA VALLY

Elle appartenait à la crème de la cocotterie, marchant de pair avec les plus huppées et les plus en vue, ne leur cédant en rien pour le luxe, pour le flafla, pour la beauté et, néanmoins, elle ne dépassait pas la médiocrité, en ce sens qu'elle n'était que peu recherchée et peu goûtée par les grands dispensateurs de la célébrité et de la vogue, et qu'une sorte de discrédit pesait sur elle.

Ce n'est pas que le charme et le montant lui manquassent; loin de là. Sa jolie figure, unie à des formes potelées et plantureuses à l'orientale, avec une physionomie lascive et un air canaille et dépravé tout à fait émoustillant, excitaient même le désir et la rendaient, à un certain point de vue, très convoitable. Mais, malgré cela, elle n'était pas toujours complètement appétissante. Une teinte de fatigue, de satiété et de débauche interlope, répandue sur son visage, lui nuisait énormément.

Et puis, des bruits fâcheux couraient sur son compte. On l'accusait de trop fréquenter les rastaquouères et les nègres du Grand Hôtel sans les passer suffisamment au crible. On lui reprochait, à tort ou à raison, d'être démesurément intéressée. Et comme, en réalité, elle se montrait très positive, comme elle faisait peu de frais pour le sexe ennemi, ne marivaudait sous aucun prétexte et décourageait, par son attitude, le lapin par trop outrecuidant, le clan des *cocodès* de marque, des noceurs à la mode, lui tenait rigueur et n'avait pour elle qu'une inclination modérée.

De quoi elle se souciait comme d'une guigne et se dédommageait amplement en faisant les beaux jours des étrangers, qui la prisaient très haut et ne lui marchandaient ni l'or ni l'admiration.

Paris, on le conçoit, ne la captivait point outre mesure et, après s'y être maintenue longtemps sur un pied très honorable, elle a fini, à son déclin, par s'établir dans un grande ville de province, où elle a eu un incontestable succès et où elle s'est fait une situation exceptionnellement brillante.

SOUBISE

Aucun lien de parenté avec le maréchal de ce nom. Beaucoup d'intelligence, d'esprit, de bagout, de méchanceté et, tout ensemble, d'affabilité et de savoir-vivre.

De grande taille, très au-dessus de la moyenne, peut-être même un peu trop; élancée, le buste bien pris, la tête agréable, le regard assassin, la tournure d'un modèle élégant et aristocratique, le port majestueux, elle aurait pu passer pour belle sans la manie qu'elle avait de se peindre comme un pastel et de s'enluminer les joues de carmin d'une façon désobligeante au possible; ce qui la vieillissait à plaisir et l'avait fait gratifier du surnom irrévérencieux de *Vénus du Père Lachaise*.

Les jeunes gens affectaient — fort injustement — de la considérer comme hors d'âge, et le débutant qui aurait eu un béguin pour elle n'eût affiché sa flamme qu'au détriment de son prestige et de sa réputation.

J'avoue, quant à moi, au risque de me compromettre, qu'elle ne me déplaisait nullement. On l'eût prise pour une princesse russe, et lorsque, plus mûre, elle est allée à Saint-Pétersbourg, qui a, comme on sait, la vertu de donner une nouvelle jeunesse aux impures, la vogue qu'elle y a eue a démontré que, sans être Slave, elle se rapprochait de la race par plus d'un côté sympathique et suggestif.

Depuis la guerre, on ne l'a guère aperçue qu'à Monte-Carlo, où je l'ai rencontrée, il y a quelques années, toujours fringante, majestueuse et... badigeonnée.

VIII

Autres silhouettes de demi-mondaines. — Marguerite de Jarny. — Un duel amoureux. — Pauline d'Angeville. - Un pari phénoménal. — Émilie Williams. — Jeanne la Folle. — Amour et poignard. — Les tribulations d'un fiancé. — Une soirée infernale. — Crénisse. — Des armes parlantes. — Skittels. — Les deux Drake. — Une maison fantastique. — L'aiguilleuse. — Gioja. — Jeanne Desroches. — Conversation intime de deux Lesbiennes en cabinet particulier. — Cortès. — La Baronne d'Ange. — Molder. — Charlotte Bertier.

MARGUERITE DE JARNY

Une blonde, grassouillette, ni grande ni petite, bien proportionnée, très jolie, très attirante, très enjôleuse. Mélange bizarre et excitant de distinction innée dans le langage et les façons et de corruption intense dans la physionomie et les procédés.

D'origine patricienne, née et élevée dans la bonne compagnie, elle avait conservé de son éducation première quelque chose des formes extérieures et des délicatesses de savoir-vivre de la grande dame, que l'on retrouvait, par-ci par-là, dans des nuances, dans des détails, au milieu du laisser-aller et des aventures fort peu voilées d'une existence plus qu'agitée.

Spirituelle comme un démon et méchante comme la gale, elle avait, parfois, un air d'impertinence hautaine, qu'accentuait une jolie petite bouche aux lèvres minces et pincées, et vous décochait prestement des coups de dent qui, d'ordinaire, emportaient le morceau. Ce qui ne contribuait pas, comme on l'imagine, à lui créer des sympathies et des amitiés. Les femmes, en général, la détestaient. Les hommes l'admiraient et la désiraient, mais la redoutaient; car elle passait pour avoir le caractère difficile, une nature impérieuse et vindicative, et pour se rebiffer, avec la dernière violence, contre le *lâchage* et les attentions — pécuniaires ou autres — insuffisantes.

Et, pourtant, quand ça lui disait, quand elle voulait être gentille, aimable et agréable; quand, par hasard, elle avait une toquade, nulle n'était plus bonne enfant, plus séduisante, plus franchement et simplement passionnée, plus facile à vivre et de meilleure composition.

La première fois que je la vis c'était, il m'en souvient, dans l'escalier d'un restaurant à la mode. Comme je descendais de voiture pour rejoindre des camarades qui soupaient dans un cabinet du premier étage, je piquai, à ma grande stupéfaction, dans un groupe bruyant et remuant formé par deux femmes extraordinairement élégantes qui étaient en train de se crêper le chignon, sans souci des passants.

L'une de ces deux femmes, je l'appris depuis, était Marguerite de Jarny, et l'autre, son amie, Pauline d'Angeville. Fort intéressé par ce spectacle, pas banal du tout, je me risquai à m'interposer entre les deux farouches beautés déchaînées dans un combat à outrance, l'œil enflammé, le visage bouleversé, les cheveux en désordre, la toilette fripée ; et ayant, non sans peine, réussi à les calmer, elles me contèrent, sans détour aucun, le sujet de leur querelle.

Il s'agissait tout simplement d'un jeune seigneur, très élégant et très couru, qui leur avait à l'une et à l'autre donné dans l'œil, dont elles convoitaient toutes deux la possession et qu'elles avaient fini par tirer à la courte-paille. Or, le sort ayant été favorable à la belle Marguerite, elle avait refusé de se soumettre au jugement prononcé par le hasard et avait provoqué sa rivale au moment même où elle se préparait à jouir paisiblement de sa victoire. Est-ce assez dix-huitième siècle !...

L'épilogue de ce petit drame galant fut, naturellement, ce qu'il devait être. L'heureux coquin que l'on s'était si chaudement disputé, d'abord un peu désappointé parce qu'il avait un faible secret pour la vaincue, fit contre mauvaise fortune bon cœur et se résigna de très bonne grâce à commencer par celle que le sort désignait à ses assiduités, pendant que l'autre, cela va sans dire, l'accablait de son mépris. Puis, après un délai convenable et un certain nombre de nuits consciencieusement remplies, il alla, le scélérat, tout tranquillement se jeter aux pieds de l'odalisque momentanément délaissée et fut accueilli avec ivresse.

De telle sorte qu'en définitive il n'y eut point de jalouse, et que le roman se dénoua à la satisfaction des deux vaillantes lutteuses, à la grande joie aussi du plus heureux des trois...

Malgré ses fougueux caprices, sa fantaisie à perte de vue et son penchant irrésistible pour les plaisirs faciles, Marguerite de Jarny eut une liaison longue et avouée, qui résista à tout et qui, somme toute, domina sa carrière de demi-mondaine.

Actuellement, rangée, elle a dit adieu à Paris, a repris son nom de famille et vit en province, avec des allures de matrone; retirée, simple, sérieuse et considérée. Si vous l'avez rencontrée, vous ne vous êtes certainement pas douté que vous étiez en présence d'une des courtisanes de marque qui, jadis, ont le plus fait parler d'elles...

PAULINE D'ANGEVILLE

Une Vénus noire, au teint bruni, à la chevelure aile de corbeau, grande, élancée, bien découplée ; au regard profond et éloquent... Une fausse Barucci, sans la race, sans la flamme, sans le fluide magnétique et imposant, sans les triomphes et le prestige.

Très élégante, néanmoins, très opulente, très chic, ayant des équipages luxueux et impeccables, un train de maison des plus fashionables, et n'étant pas arrivée, malgré tout cela, à la grande célébrité.

Peut-être manquait-elle d'entregent et d'initiative, préoccupée, surtout, qu'elle était d'avoir la paix et de jouir tranquillement des bonnes choses de l'existence. La douceur et la cordialité, jointes à une pointe de bizarrerie et d'étrangeté, étaient, à la surface, les traits caractéristiques de sa nature.

Mais, au fond, ce qui la dominait, ce qui l'obsédait, ce qui l'absorbait, c'était le côté matériel de l'amour ; en quoi elle était servie à souhait par un tempérament de chatte en pâmoison et par la virtuosité raffinée qu'elle apportait dans l'exécution des exercices intimes. Elle avait des appétits insatiables et des capacités à l'avenant, des désirs terribles et des ressources incalculables...

Sa grande prétention, son idée fixe, était

qu'aucun homme, si elle le voulait, ne pouvait résister à ses avances, et qu'elle se faisait fort, si elle s'en donnait la peine, de transporter au septième ciel un gardien du sérail en personne. Prétention justifiée, d'ailleurs, mais sujette, parfois, à des déceptions, comme on va le voir.

Un soir, après dîner, un mien ami, réputé pour ses aventures et pour sa trempe vigoureuse, mis, par elle, au défi de garder son sang-froid dans le voisinage de ses charmes et agacé de ses fanfaronnades, lui fit le pari de vingt-cinq louis, tenu avec une imperturbable assurance, qu'il passerait une heure entière avec elle, entre deux draps, sans... éprouver d'émotion visible; lui permettant, bien entendu, d'employer tous les moyens de séduction naturels et surnaturels, et s'engageant formellement à ne pas leur opposer de résistance.

Rendez-vous fut pris à jour fixe, et la coterie convoquée dans la pièce voisine de celle où devait avoir lieu le duel. Si l'on fut exact, je vous le laisse à penser. Une heure un quart durant, la sirène déploya toutes ses facultés, mit en œuvre tous ses sortilèges, appela à la rescousse toute sa verve des grandes circonstances et, finalement... épuisée de fatigue, énervée, tremblante, blême de rage et d'humiliation, fut obligée de s'avouer battue et de confesser, devant la galerie assemblée et ébahie, qu'elle avait perdu son pari. Elle ne pardonna jamais à mon ami.

Deux ou trois ans plus tard, la pauvre fille, excellente et sympathique créature s'il en fut, atteinte de folie, de la folie érotique qui ne pardonne pas, était enfermée dans un hospice d'aliénés où, après des accès horribles de fureur obscène et de cruelles souffrances, elle mourait oubliée et regrettée seulement d'un petit nombre de fidèles...

ÉMILIE WILLIAMS

Si vous avez assisté, l'an dernier, à la messe de onze heures à Saint-Augustin, vous y avez certainement rencontré et remarqué une femme d'un certain âge, bien conservée, simplement et modestement vêtue, traversant, les yeux baissés, un énorme livre d'heures à la main, dans l'attitude du recueillement le plus absolu et avec une régularité de chronomètre, la nef de droite de l'église, pour aller s'agenouiller à l'écart, loin de la foule et des regards.

Cette femme, à l'apparence bourgeoise, au maintien rigide, visiblement préoccupée de passer inaperçue et de fuir les visages de connaissance, c'était Emilie Williams, surnommée *le Phoque*; une personnalité saillante du monde galant de la grande époque, un premier rôle d'un genre à part, une physionemie originale et intéressante qui a occupé une place considérable dans les coulisses du demi-monde.

Son sobriquet lui venait de sa ressemblance vague avec le doux et intelligent animal auquel il était emprunté. C'est assez dire qu'elle n'était point jolie et que, malgré un corps fait au moule, ses avantages physiques n'eussent probablement pas suffi pour la mettre en évidence.

Mais quelle intelligence ! quelle instruction variée, fort au-dessus de son sexe et de sa condition ! Quel esprit endiablé ! Quelle agréable causeuse et, surtout, quelle finesse et quel savoir-faire !

Elle était, en outre, très bonne fille, serviable et complaisante comme on ne l'est pas, extrêmement facile à vivre et toujours disposée à rire, à s'amuser, à entreprendre une partie de plaisir, à égayer la compagnie.

Aussi fut-elle l'amie et la confidente de la plupart des hétaïres de marque de son temps ; gravitant dans leur orbite, consolant les affligées, conseillant les inexpérimentées, tirant d'affaire, par son habileté, celles qui s'étaient fourrées dans le pétrin, raccommodant les ménages brouillés. Sorte d'Éminence grise des reines de la galanterie, dont elle faisait mouvoir, à son gré, toutes les ficelles plus souvent qu'elles ne le croyaient et à l'ombre desquelles, sans bruit, sans embarras, exerçant un pouvoir occulte, elle tirait adroitement son épingle du jeu.

Si bien qu'elle eut ses adorateurs et ses succès tout comme les camarades, qu'elle évita la funeste panne, se fit une belle position et put rentrer dans la vie privée sans appréhension pour ses vieux jours. Aucune horizontale n'a été entourée de plus de sympathies et n'a laissé de meilleurs souvenirs...

Il y a des mois qu'on ne la voit plus à Saint-Augustin. Elle a quitté son domicile sans laisser d'adresse. Serait-elle dans un monastère de Clarisses ?... Mystère ! Respectons son *incognito*.

JEANNE LA FOLLE

Je l'appelle à dessein par son nom de guerre et je tais le véritable, qui est celui d'une famille respectable ; car elle fut une des rares de l'époque dont je parle qui n'éprouvèrent pas le besoin d'en changer en se lançant dans la fournaise.

Je dirai seulement qu'elle était la sœur d'une cantatrice célèbre, qu'elle était née, comme tous les siens, avec des dons artistiques merveilleux, qu'elle jouait du piano à ravir, improvisait avec une étonnante facilité, composait, à ses heures, d'une façon très piquante, et qu'on tout, son éducation avait été des plus soignées.

Comment, étant donné ce point de départ et cette organisation, en était-elle arrivée à jeter son bonnet par-dessus les moulins et à se livrer à une série de cascades que le moindre de ses soucis était de dissimuler et qui ont largement défrayé la chronique scandaleuse de ses belles années ?

C'est bien simple. Son imagination était démesurément ardente, sa tête exaltée jusqu'à la folie, son esprit vagabond et chercheur, son sang bouillant, ses nerfs continuellement tendus comme des cordes à violon, sa soif de jouissances et d'émotions infinie, et, avec toutes les qualités de l'esprit et du cœur, elle n'était bâtie ni pour résister aux premiers entraînements, ni pour s'arrêter, une fois partie, sur la pente des fredaines.

Était-elle jolie ? Pas précisément. Mais séduisante, mais voluptueuse ; mais enveloppante, ensorceleuse, amoureuse, accapareuse, excitante, assurément oui. De plus, extraordinairement collante. Jamais pareil crampon n'a circulé sur le *turf !*

Passionnée, elle l'était à coup sûr ; mais surtout du cerveau ; fiévreusement, sur un mode agité, saccadé, fatigant, haletant. Il lui venait des toquades comme des envies de danser. Elle se montait la tête, s'échauffait, se jouait inconsciemment la comédie à elle-même et finissait par entrer dans le rôle au point de croire sérieusement que c'était arrivé, faisant alors des scènes de jalousie qui allaient jusqu'à la violence et à l'insanité, ne reculant ni devant les voies de fait, ni devant les tentatives, plus ou moins sincères, de suicide.

Ses préférences étaient pour les militaires. Elle avait été jetée au milieu de la garde impériale et naviguait habituellement dans ses eaux. Plusieurs brillants officiers se partagèrent successivement, ou simultanément (je ne sais plus) ses faveurs. L'histoire de ses relations avec eux est une incroyable et amusante odyssée, — pas pour ces infortunés, j'en conviens, qui ont passé par toutes les horreurs réservées aux amants trop aimés, mais pour le spectateur philosophe et désintéressé.

A l'un, elle asséna, dans un transport amoureux, un vigoureux coup de poignard, qui, heureusement, n'eut pas de suites très graves. A un autre, elle fit la mauvaise plaisanterie de feindre de s'empoisonner en avalant une si forte dose de laudanum que l'empoisonnement était impossible. Un troisième, plus adoré que tous les autres, crut qu'il ne parviendrait jamais à se marier. Allait-il chez sa fiancée, après avoir employé des ruses de sauvage pour échapper à sa surveillance? Il la trouvait plantée devant la porte, éplorée, menaçante, le forçant à rebrousser chemin. S'habillait-il pour dîner chez sa future belle-mère? Elle tombait comme une bombe, lui arrachait sa cravate blanche, lui chiffonnait sa chemise, lui cachait son chapeau et ses gants et lui faisait manquer l'invitation...

Quant à briser des verres avec ses doigts, dans les cabinets de restaurant, et à en avaler les morceaux, au risque de se tuer, c'étaient des distractions courantes et des manifestations de tendresse quotidiennes. Je passe sous silence les crises de nerfs. Défiance maladive ; drame d'amour permanent.

Par moments, elle était comme hallucinée ; elle perdait complètement l'équilibre, ne se rendait plus compte de rien et se livrait à de vrais actes de folie. Comme un certain jour d'hiver, par exemple, où ayant commencé la soirée aux *Variétés*, le plus prosaïquement du monde, elle la finit, sans préméditation, d'une façon plutôt pimentée.

Ce soir-là, son chéri, qui était sur les dents, lui avait persuadé que les fonds étaient bas, la fatigue excessive, qu'il fallait songer un peu au repos pour lui, au solide pour elle, et il s'en croyait débarrassé. Il ne prévoyait pas, le malheureux, la tuile qui allait lui tomber sur la tête !

Flânant sur le boulevard, avec une bande de copains, il entre innocemment au théâtre des *Variétés*. Horreur !... la première chose qu'il voit, c'est son objet, sur le devant d'une baignoire, entre deux rastaquouères... Signes désespérés, agitation extravagante de l'objet, auxquels l'amoureux en vacances, rassuré par la présence des deux bonshommes en chocolat, affecte de ne prêter aucune attention.

Il se croit à l'abri du danger, prend des airs narquois et pousse l'outrecuidance jusqu'à s'en aller, à la sortie, en compagnie de ses amis, dans un de ces pensionnats de jeunes personnes complaisantes que la sollicitude des pouvoirs publics tolère pour la tranquillité des ménages et le bonheur des célibataires...

A peine y était-il arrivé, savourant avec délices son indépendance, qu'un vacarme épouvantable se fait entendre dans le corridor :

— Madame, rendez-moi mon amant ! Il est ici je le sais. Ma fortune, mes bijoux, tout est à vous ; mais rendez-le-moi ! Il me le faut !...

— Fichez-nous la paix. Il n'y a pas d'amants ici ; il n'y a que des clients. Allons ! détalez, ou j'envoie chercher la police...

Et le bruit augmente, la résistance s'accentue.

On l'a deviné, c'était la douce Jeanne qui, ayant eu des soupçons, peut-être un renseignement, avait brutalement lâché ses cavaliers exotiques et avait suivi à la piste, cachée dans un fiacre, son beau séducteur...

Il fallut se décider à sortir et à se montrer. Un intime se dévoue, essuie le feu et reçoit un maître coup de parapluie sur le dos. Le coupable, qui vient en serre-file, tout penaud, est empoigné par la nymphe avec autorité, jeté dans la voiture comme un paquet de linge sale, et... fouette cocher dans la direction des Champs-Élysées.

Trajet pénible. La lionne rugit, écume, se jette sur sa proie et joue des griffes ; le sang ruisselle. La victime hurle et se débat ; une troupe de gamins court derrière le fiacre en criant : « Au voleur ! à l'assassin !... »

Enfin, on arrive ; on rentre au bercail. La furie... assouvit sa rage... Le calme renaît. On s'endort tout à la réconciliation et à la volupté, pour recommencer le lendemain... Et'dire qu'il y avait des messieurs qui aimaient ça !

CRÉNISSE

Une grande brune importée de Belgique, très belle fille, très bien tournée, très élégante, très monotone et très insignifiante.

Elle avait un visage régulier, de beaux cheveux, de beaux grands yeux sans expression, une tenue correcte, des équipages corrects, une physionomie correcte, une conversation correcte jusqu'à l'ennui et une existence terne, que son luxe et son opulence ne parvenaient pas à faire sortir de la teinte grisâtre et désespérante d'uniformité dont elle était enveloppée.

C'est à propos d'elle qu'un spirituel et mordant journaliste avait inventé cette expression irrévérencieuse et pittoresque, bien que par trop sévère pour ses compatriotes : « Belge comme une oie. » Ce qui prouve que sa réputation d'esprit n'était point à la hauteur de celle que lui avaient value ses charmes physiques, et qu'elle passait, en général, pour être plus rutilante, plus femme d'alcôve, que pétillante et amusante.

On lui prêtait, à tort ou à raison, une foule de naïvetés, de mots frisant la niaiserie, d'ingénuités saugrenues, d'aventures ridicules, et les bonnes petites camarades, aiguisant leur verve sur son dos, avaient fini par lui attribuer généreusement toutes les bêtises et toutes les mystifications qui couraient les ruelles.

C'est ainsi que l'on racontait, entre autres anecdotes sujettes à caution, qu'un jour, ayant entendu citer les armes parlantes de la Guimard, elle se mit en tête d'avoir les siennes et n'eut plus de cesse qu'elle n'y fût parvenue.

Obsédée par cette idée fixe, elle alla trouver un homme de lettres de ses amis et le supplia de lui composer un chiffre et une devise de son choix. Celui-ci, qui était un farceur et qui avait envie de rire un brin, accepta sans se faire prier, la mission et, un beau matin, il arriva triomphalement chez elle, apportant sous son bras une magistrale feuille de papier bristol où s'étalait, dessiné à l'encre de couleur, un gigantesque Q majuscule entouré d'une jarretière d'or, dans laquelle on lisait cette phrase latine pleine d'enseignement ; *Indè fortuna...*

Il paraît, — toujours d'après la chronique, — qu'elle fut enchantée de ces armoiries; qu'elle les montrait à tout le monde avec une fierté non dissimulée. Les mauvaises langues prétendaient qu'elle n'avait compris ni les mots de la devise ni l'allégorie du blason...

Excellente personne, malgré tout, aimable pour ses amoureux, y allant bon jeu bon argent, ne faisant pas d'esbrouffe, ne cherchant point la petite bête, rendant la vie facile et douce à son entourage.

SKITTELS

Anglaise comme Cora Pearl; mais aussi jolie, aussi fine, aussi distinguée, aussi *montante*, que Cora l'était peu.

Elle avait les cheveux blonds, d'un blond naturel, les yeux bleu foncé, le teint éclatant, les traits d'une admirable pureté, la taille svelte, le galbe aristocratique : un vrai keepsake. Et quel chic! Quelle élégance! quelle grâce à cheval! Quel grand air et quelle originalité de bon aloi dans la tenue de ses équipages!...

Lorsqu'elle paraissait, avenue de l'Impératrice, conduisant elle-même deux incomparables chevaux de sang aux allures étincelantes et suivie de deux piqueurs à cheval en livrée du style le plus pur et le plus irréprochable, trottant derrière la voiture, tous les regards se tournaient de son côté et il n'y en avait plus que pour elle.

C'était un genre à part, rappelant Londres et Hyde-Park; quelque chose de déluré et d'ultraselect tout à la fois, qui vous électrisait et vous donnait des idées folâtres. On se surprenait à admirer et à vibrer malgré soi.

La fine fleur des cocodès, le dessus du panier des fashionables de haute marque était à ses pieds et, pendant le temps relativement court qu'elle passa à Paris, elle eut du succès à n'en savoir que faire. Les grands mamamouchis de la galanterie, les cavaliers les plus haut placés par la fortune et le relief mondain étaient seuls admis à se disputer ses faveurs ; le menu fretin ne l'approchait pas.

Elle brilla de la sorte deux ou trois ans, sans voir un instant son étoile pâlir, son prestige diminuer. Puis elle disparut comme elle était venue, et on n'en entendit plus parler.

Quelqu'un m'a affirmé l'avoir aperçue, récemment, devant le comptoir d'un *bar* de chemin de fer, sur la ligne de Cantorbéry, très épaissie, très fanée, mais très reconnaissable et ayant conservé, malgré les ravages du temps, un certain éclat — pâle reflet de sa splendeur d'antan...

LES DEUX DRAKE

Deux charmantes créatures, deux sœurs inséparables, d'un type très différent, se faisant valoir réciproquement par le contraste ; l'une et l'autre prodigieusement intelligentes, spirituelles, mouvementées, capiteuses, enlevantes, voluptueuses et madrées.

Je ne crois pas que jamais courtisane ait mieux compris que ces deux réjouies, insouciantes, bohèmes et tout ensemble élégantes et raffinées, la vie galante et les amours faciles. Aucune, à coup sûr, n'a eu plus d'originalité, plus de génie inventif pour le plaisir, plus d'art dans sa mise en scène.

L'aînée, Marie, une brune engageante, plutôt belle de corps que jolie de figure, était une nature douce et portée à la sentimentalité, dont l'apparence calme et les façons tranquilles cachaient des passions ardentes et des trésors de lasciveté intime...

Juliette, au contraire, blonde, fraîche, blanche et rose, avec un léger embonpoint, l'œil ardent, les narines ouvertes, exubérante, en dehors, gaie, provocante, toujours prête à batifoler et à rire, respirait la sensualité et la luxure, et vous avait un regard, des mouvements, des mots, d'un réalisme musqué, d'une dépravation subtile et élégante, qui étaient pleins de promesses...

Je me suis laissé dire qu'elle les tenait toutes, et au delà, et que, dans la pénombre du boudoir, ses moyens de séduction, son talent professionnel dépassait ce qu'il est possible de rêver; qu'ils allaient même au-devant des aspirations de l'imagination la plus fertile et la plus vagabonde.

A première vue, elle écrasait un peu sa sœur aînée et détournait l'attention à son profit. Mais, en approfondissant, en les cultivant toutes deux, on découvrait très vite qu'elles formaient un couple délicieux, et on finissait par ne plus les concevoir, par ne plus les désirer et les courtiser l'une sans l'autre.

Elles s'en rendaient si bien compte, d'ailleurs, qu'elles ne se quittaient, pour ainsi dire, ni jour ni nuit ; habitant ensemble, se promenant ensemble, allant au spectacle ensemble, faisant leurs farces ensemble ; donnant, en toutes choses, l'édifiant et rare exemple d'une étroite union, d'une association sans nuages.

Leur appartement était une véritable curiosité; une merveille de recherche, d'ingéniosité, d'entente savante de sa destination et du cadre approprié à l'amour sensuel. Machiné comme un décor de féerie, divisé, comme chez les dentistes, en une suite de cabinets indépendants les uns des autres dissimulés derrière des draperies et au milieu desquels il était impossible à un profane de se reconnaître et de se débrouiller, trois ou quatre visiteurs pouvaient s'y trouver en même temps sans être exposés à se rencontrer ni à se voir.

Une soubrette futée, admirablement dressée et d'une habileté sans égale, était préposée à la garde de ce labyrinthe et chargée de régler la marche du service, d'empêcher tout choc fâcheux, toute collision intempestive. Nous l'avions surnommée *l'aiguilleuse!*

Afin de mieux faire ressortir la blancheur de la peau et les formes exquises de ces dames, qui se montraient, à juste titre, très fières de ces avantages que la nature leur avait prodigués avec usure, tous les meubles étaient recouverts de satin noir. Les draps de lit eux-mêmes étaient en satin noir aussi...

Partout, dans tous les coins et recoins, des divans bas, des coussins innombrables, des chaises longues de formes fantastiques, des sièges suggestifs et variés agencés judicieusement pour toutes les situations, pour toutes les combinaisons et placés aux bons endroits.

Enfin, — détail piquant, raffinement inouï de sybaritisme, — un réduit caché et superlativement prosaïque, où l'on est peu habitué à trouver du luxe et de la coquetterie, tout capitonné de soie bleue et mystérieusement éclairé par une lampe discrète...

Un séjour enchanteur que cet appartement, où l'on s'amusait, parfois, à la folie, où l'on passait des heures délirantes, sans être dérangé, sans crainte, grâce au talent pyramidal de *l'aiguilleuse*, d'être surpris par une apparition inattendue et arrêté, mal à propos, dans ses épanchements.

Un jour, cependant, la surveillance du farouche cerbère fut en défaut. Avait-il des peines de cœur, des préoccupations personnelles? L'avait-on corrompu? On ne l'a jamais su.

Toujours est-il qu'au moment le plus pathétique d'une petite fête des plus abandonnées et des plus réussies, l'impeccable *aiguilleuse* eut une distraction. Elle oublia le *truc*, se trompa de porte et laissa pénétrer dans le sanctuaire l'amant en titre de l'une des deux tourterelles...

Un duel s'ensuivit, une rupture aussi et, naturellement, l'infortunée camériste fut impitoyablement mise à la porte. Le bruit courait que ses maîtresses n'avaient jamais pu, depuis, lui trouver de remplaçante de sa force.

La pauvre Juliette est morte depuis longtemps, regrettée de tous ceux qui l'avaient connue. Quant à sa sœur, qui lui avait survécu, j'ignore où elle se trouve et même si elle est encore de ce monde.

GIOJA

J'ai rarement vu un plus beau modèle de femme que celui de cette Italienne arrivée à Paris dans les toutes dernières années de l'Empire.

La tête était petite, les traits délicats, les yeux ravissants de coupe et d'expression; les cheveux du plus pur blond Titien — la nuance classique; la peau blanche et transparente comme celle des Russes et des Suédoises. Avec cela, une taille élancée et une tournure pleine de grâce et de distinction; une nature simple et sans prétentions; un caractère enjoué, un charme pénétrant qui vous donnaient la chair de poule et, tout de suite, une envie immodérée de lui faire des propositions déshonnêtes.

Munie des plus chaudes recommandations auprès d'un personnage influent de la cour des Tuileries, elle fut très rapidement lancée dans la coterie du *château* qui faisait la pluie et le beau temps, et par conséquent très en vue. On assurait que l'empereur en personne en avait eu la primeur et qu'il en était fort épris.

C'est assez dire que la vogue et le succès ne se firent pas attendre; qu'elle devint presque instantanément la lionne du jour, et que, pendant quelque temps, on s'occupa d'elle d'une façon absolument exceptionnelle. On s'en occupa même si bien que, la jalousie des concurrentes aidant, la malignité publique lui attribua une mésaventure fameuse arrivée au bal de l'Opéra à un gentilhomme étranger très connu et très apprécié des belles.

Elle en était parfaitement innocente, ainsi que la suite l'a prouvé. L'erreur fut constatée, l'opinion éclairée et le revirement qui eut lieu en sa faveur couronna son triomphe.

Elle marcha, dès lors, de conquêtes en conquêtes; reçut les hommages les plus flatteurs, eut des liaisons d'un *chic* suprême, un train de vie d'une grande opulence et sa place brillamment marquée au premier rang de l'élite de la haute courtisanerie.

Aujourd'hui, jeune encore, toujours captivante

et fringante, elle est installée dans le Midi, et aussi admirée, aussi entourée qu'aux plus beaux jours de son éblouissante jeunesse.

JEANNE DESROCHES

Celle-là a été fauchée à la fleur de l'âge et semblait en avoir le pressentiment, tant elle se hâtait de brûler l'existence par les deux bouts et de mettre fiévreusement le temps à profit.

C'était une élève de Saint-Denis, s'il vous plaît, d'apparence candide et réservée, avec des façons de pensionnaire, un petit air effarouché, des cheveux blonds, des yeux bleus, un corps frêle et un visage souffreteux; jolie au possible, au demeurant.

On l'aurait prise pour une ingénue, et elle avait la rage dans le sang, comme une poitrinaire qu'elle était, la pauvre fille. Névrosée, hystérique, toujours inassouvie, sous son enveloppe de madone elle mettait sur les dents les imprudents qui, se fiant à ses dehors anodins, s'aventuraient dans sa chambre à coucher sans être suffisamment sûrs d'eux-mêmes, avec de trop faibles munitions...

J'ai vu de très vigoureux gaillards sortir d'un entretien nocturne avec elle complètement épuisés. Il leur avait fallu tenir le dé de la conversation toute la séance, sans points ni virgules et sans qu'on leur permît de respirer. Si bien qu'elle était signalée aux amateurs et que l'on ne badinait plus guère avec elle qu'à titre de curiosité et d'exception; en guise de dynamomètre et de tête de Turc, pour essayer ses forces et se donner la satisfaction peu commune d'un tête-à-tête avec un phénomène...

Tout lui était bon, à l'aimable enfant, pour procurer des aliments à sa dévorante ardeur, et elle ne laissait passer aucune occasion de se donner de l'exercice. Le culte de Sapho lui-même, en ce temps-là moins en honneur qu'à l'heure présente, ne lui répugnait à aucun degré.

Un soir qu'un de mes amis et moi nous lui avions donné rendez-vous dans un cabinet particulier de la Maison-Dorée, où il était convenu qu'elle amènerait une camarade, nous les trouvâmes, en arrivant, toutes les deux fort peu vêtues et dans une posture qui ne laissait planer aucun doute sur leur genre de conversation...

Je dois avouer que notre entrée ne les troubla que médiocrement, et qu'ayant eu l'extrême jeunesse de nous indigner de cette manière de tromper l'ennui en attendant l'heure du berger, on tomba des nues et on trouva que nous nous plaignions de ce que la mariée était trop belle...

Moins d'un an après, Jeanne Desroches succombait à la phtisie et à la gymnastique désordonnée qui en avait été le corollaire. Elle n'était, tout au plus, qu'à son vingt-cinquième printemps !

CORTÈS

Elle avait eu, de son vivant, pour amie intime, la brune Cortès, une Andalouse de la plus belle eau, aux yeux veloutés d'un noir de jais, à la gorge opulente, à la forte carrure, qui, elle aussi, jetait feu et flammes, mais présentait à la destruction infiniment plus de résistance que sa fragile compagne.

Cortès nous était venue de *tra los montès* avec l'auréole d'une histoire d'amour comme il n'en arrive qu'en Espagne... Ce qu'on racontait était à faire frémir, et cela suffisait pour émoustiller les joyeux viveurs et lui amener force chalands.

A Paris, pourtant, elle n'eut rien de tragique ni de saillant. Franchement bohême, le cœur sur la main, les privautés faciles, les sens éveillés, elle aimait à faire le bonheur de son prochain en général et cultivait en particulier les garnisons des environs de la ville lumière.

LA BARONNE D'ANGE

Ceux qui n'ont vu que la dernière manière de la célèbre baronne, alors qu'elle promenait aux Champs-Élysées, dans son légendaire cabriolet à pompe, les restes hideux et décrépits d'une ex-femme, ne se sont pas doutés que, dans sa jeunesse, la proxénète luxueusement installée dans l'hôtel bariolé et d'un goût criard de la rue Saint-Georges avait été une virtuose d'amour d'une incomparable originalité, une dilettante de la prostitution tout à fait digne d'intérêt, un de ces types curieux, remarquables, uniques, qui font époque dans les annales de la galanterie.

C'est, cependant, la pure vérité. Je l'ai connue jolie, élégante, pimpante et richement entretenue. Elle possédait, dans ce temps-là, une très belle habitation à proximité du bois de Boulogne, où, de sept heures du soir au lendemain à midi, elle vivait le plus sagement du monde en compagnie d'un amant sérieux qui la croyait d'une fidélité de caniche. Puis, tous les jours à une heure, montre en main, elle montait dans un magnifique équipage et se rendait à un petit appartement qu'elle avait loué dans un quartier central pour y recevoir, ni plus ni moins qu'un chirurgien ou un avoué, une nombreuse clientèle, acceptant la plus modeste offrande, opérant au besoin pour rien, pour l'art... Après quoi, l'heure réglementaire sonnée et le laboratoire fermé, elle remontait en carrosse et allait reprendre la vie de famille...

Est-ce assez grand et assez beau ?...

MOLDER

Singulier amalgame que celui de cette grande et belle fille, aux cheveux rouge carotte, à la taille souple, aux mouvements félins, au corps plantureux et bien campé.

Elle avait une nature ardente, un besoin d'épanchement extraordinaire, une incroyable facilité à répondre au premier appel sensuel d'un soupirant; un fond pouvant se soutenir quarante-huit heures de suite sans débrider, comme elle le fit, un jour, avec un beau gentilhomme très sollicité par toutes ses rivales; et, après l'extase, après la folie, soudain elle reprenait possession d'elle-même et réclamait, avec une énergique âpreté, le prix d'une complaisance que plus d'un avait pris pour une toquade désintéressée.

Sans équipages, sans train de maison, sans autre luxe que celui de la toilette, elle a allumé des passions extravagantes et troublé bien des cervelles; celle, entre autres, d'un jeune seigneur appartenant à notre bonne noblesse du Midi, qui a fini par se la brûler à son intention.

CHARLOTTE BERTIER

Pas moyen de passer sous silence cette aimable toquée, qui, pour n'avoir point figuré au tout premier rang, n'en a pas moins côtoyé, par intervalles, les régions les plus lumineuses.

Brune, le nez un peu crochu et surmonté d'une paire de très beaux yeux, une bouche assez grande, découvrant deux rangées de dents blanches, très irrégulièrement plantées, elle était fort agitée et fort drôle; avait, parfois, des amants du chic le plus irréprochable, des aventures abracadabrantes qui n'arrivaient qu'à elle et des prises de bec impayables avec les huissiers, ses ennemis personnels.

En somme une amusante et aimable fille, très connue, très en l'air et d'un bohème achevé.

IX

Les amants de ces dames. — Les hommes à la mode du second Empire. — Les *Cocodès* et les *Cocodettes*. — Le duc de G...t-C....e. — La Garde Impériale. — Rapports de ces Messieurs avec ces Dames. — Les amants sérieux. — Les autres, cabotins et hommes d'argent.

Ils avaient un fier chic ; et, sans faire tort aux viveurs de ce temps-ci, on peut dire hardiment que les hommes à la mode du second empire, d'une superbe race, d'une grande allure et d'un type disparu, ont été — pour ce siècle du moins — les derniers représentants de la traditionnelle et véritable élégance française.

Cela tient, sans doute, en partie, à leurs personnalités, aux qualités et aux défauts qu'ils avaient reçus en partage, à la distinction et au charme de leurs manières, à la tournure de leur esprit, à l'éclat et au prestige que la plupart d'entre eux savaient donner jusqu'à leurs folies.

Mais, il faut bien le reconnaître, une des principales raisons de leur incontestable supériorité mondaine sur la génération qui les a suivis, c'est la composition et l'organisation de la société dans laquelle ils vivaient; c'est la physionomie du monde parisien d'alors, qui n'était pas, à beaucoup près, ce qu'elle est devenue depuis.

Ils étaient, à cette époque, une centaine — pas plus — membres des deux ou trois clubs fashionables triés sur le volet, hors desquels il n'y avait point de salut, qui donnaient le ton à Paris et dictaient la loi au high-life.

Ils formaient une franc-maçonnerie exclusive, solidaire et fermée, dans laquelle l'argent ne comptait que pour ce qu'il vaut et qui, respectueusement contemplée à distance par les *tompins*, si opulents et si piastreux qu'ils pussent être, avait le monopole exclusif de la haute vie.

Ce qui les distinguait de la foule, c'était leur éducation, le milieu auquel ils appartenaient, les procédés éminemment aristocratiques qu'ils apportaient en toutes choses, la prodigalité de grands seigneurs par laquelle ils se faisaient remarquer et l'art de l'individualisme dans lequel ils excellaient.

Etre un homme à la mode, dans ce temps-là, impliquait une somme de dons personnels, une réunion de conditions très difficilement réalisables et dont le point de départ indispensable était d'être né, ou d'avoir très jeune conquis sa place, dans la classe en évidence et en relief, qui seule donnait l'impulsion, qui régnait sans partage sur la cour et la ville!

Le nombre de ceux qui se trouvaient en passe de prétendre aux dignités de l'élégance et du bel air était donc fort restreint; plus restreint encore, celui des privilégiés qui y arrivaient. Mais, en revanche, le sceptre, une fois entre leurs mains, ne leur était disputé par aucun parvenu; nul épicier enrichi ou boursicotier arrivé ne songeait à les égaler. Leur autorité était incontestée, leur pouvoir absolu, leur empire à l'abri de l'invasion des intrus, protégé contre tout contact impur, contre toute promiscuité gênante.

Il en résultait, pour eux, une entière liberté, un sans-gêne presque complet, une assurance et une initiative leur permettant de diriger la mode sans opposition et sans contrôle, de faire la pluie et le beau temps, laissant le champ libre à toutes les originalités, voire à toutes les excentricités, qui, par le fait seul qu'elles émanaient d'eux, devenaient aussitôt des élégances; de s'afficher, le cas échéant, sans la moindre retenue, avec des horizontales, de les lancer, de leur donner la vogue rien qu'en les honorant de leurs assiduités et de leurs préférences.

Ce mépris relatif des fatales convenances, qui, chez des hommes d'une parfaite distinction, ne manquait ni de cachet ni d'une certaine grandeur, était d'autant plus aisé que les jeunes gens ne commençaient, généralement, à aller dans le monde qu'après avoir jeté leur gourme et fait leurs farces pendant cinq ou six ans au moins.

Ils en étaient, cela leur suffisait, sachant qu'ils y rentreraient de droit quand il leur plairait, et ils n'en prenaient que ce qu'ils voulaient, jusqu'au moment où, plus rassis, stylés à point, aptes à distinguer entre les plaisirs et à distribuer avec discernement leurs loisirs, ils se consacraient plus volontiers aux femmes de la société, qui ne savaient pas mauvais gré à *ces demoiselles* d'avoir essuyé les plâtres à leur intention, et qui avaient le bon goût de préférer des cavaliers tout dressés, connaissant la vie et les méandres de la passion, à de candides jouvenceaux à peine sortis de nourrice...

Ce fut le duc de G....t-C....sse, le plus en vue et le plus étincelant des viveurs d'alors, qui inventa pour deux ou trois de ses intimes le nom de *cocodès*, donné ensuite, par extension, à tous les fashionables de haute volée de la belle période. D'où l'expression de *cocodettes* employée pour désigner les beautés en renom, ayant une cour de *cocodès* formant, avec eux, la coterie prépondérante et qui n'était nullement un dérivatif de *cocotte*, comme certains bourgeois du temps présent se le figurent.

Parmi les *cocodès*, dépensant en folies leur activité, jetant par les fenêtres l'argent qu'ils avaient et souvent celui qu'ils n'avaient pas, la plupart étaient des oisifs. Mais il s'en trouvait un grand nombre — et non des moins saillants — dans les rangs de la cavalerie de la garde impériale, qui, tenant toujours garnison à Paris et aux environs et n'ayant, de par le règlement, pour officiers subalternes que des célibataires, était composée d'une façon exceptionnellement brillante.

Quantité de jeunes gens bien nés — y compris ceux qui appartenaient à des familles de farouches légitimistes — ardents, pimpants, jolis garçons, plus ou moins riches ou par eux-mêmes ou en *espérances*, aimant le luxe et la dépense, y faisaient un stage de quelques années et se mêlaient, pendant leur séjour dans ce corps d'élite, à la crème du beau monde parisien.

Réunissant les avantages d'une position sociale hors de pair et la séduction de l'uniforme, ils attiraient, pour peu qu'ils fussent bien tournés et agréables de leur personne, l'attention du beau sexe ; ils accaparaient toutes les bonnes fortunes et étaient la coqueluche des grandes demi-mondaines.

C'est donc dans ce clan que se recrutaient une grande partie des seigneurs de mirifique renommée galante et que se rencontraient les lovelaces faisant le plus de ravages dans le cœur des hétaïres de marque. Ce qui n'empêchait à aucun degré, du reste, la majorité d'entre eux — et ceci est à noter — de songer à leur carrière et de parvenir, par la suite, aux plus hautes destinées...

Les façons des *cocodès* avec les cocottes étaient, à la fois, familières et aimables. Ils ne leur donnaient point ce à quoi elles n'avaient pas droit et à quoi, au surplus, elles n'imaginaient pas de prétendre ; mais ils ne leur refusaient aucun des égards, aucune des attentions, aucun des bons procédés que l'on doit à toute femme, uniquement parce qu'elle est femme.

Certes, ils ne les traitaient point en grandes dames et ils les prenaient rarement au sérieux. Mais ils n'apportaient, dans leurs rapports avec elles, ni trivialité ni grossièreté, et, s'ils ne les couvraient pas toujours d'or, ils se seraient fait scrupule, en général, de les tromper sur leur situation de fortune, de faire naître en elles, à cet égard, un espoir chimérique ; dépensant, en tout cas, sans compter, les amusant, les promenant, les entourant, les comblant de fêtes, de parties, de diners, de soupers fins, de loges au théâtre, les couvrant de bijoux.

Peu de *cocodès* étaient, pour ces dames, des amants vraiment sérieux, quoiqu'il y en eût, cependant, — je l'ai déjà dit. Le système ingénieux de la commandite et des syndicats amoureux n'étant point encore à l'ordre du jour, l'emploi d'amant sérieux exigeait une bourse mieux garnie que ne l'est ordinairement celle des tout jeunes gens de la bonne compagnie et, le plus souvent, il était tenu par des nababs obscurs, restant dans la coulisse.

LES AMANTS SÉRIEUX

Les amants sérieux des grandes courtisanes pouvaient être classés en trois catégories et se résumaient en trois types distincts qui représentaient, à des détails près, l'honorable corporation : le bourgeois opulent, le sportsman pourri de chic et le boyard — il existait encore des boyards — jetant, sous forme de roubles, de la poudre aux yeux des biches parisiennes.

Le bourgeois, le plus cossu et le plus résistant des trois, possédait un sac énorme péniblement amassé par son père dans les produits chimiques ou les bonnets de coton. Entre deux âges, sans prétentions à l'élégance et au relief, froidement positif et pratique, il ne rêvait ni de notoriété ni de panache et cherchait seulement, non sans une pointe de malice narquoise, à se donner tranquillement, à coups de billets de banque, les mêmes jouissances — du moins il le croyait — que ces esbrouffeurs d'aristocrates.

Paillard honteux, parfois horriblement amoureux à sa manière, gonflé de vanité au fond, farci de préjugés mesquins, rongé d'envie, il ne jetait son dévolu que sur les étoiles de première grandeur découvertes et cotées par les pontifes du bon ton. Il en prenait une par désœuvrement et par jalousie, lui restait fidèle par amour-propre et par avarice, payait son luxe par dépravation et par peur d'être flanqué à la porte, et ne se montrait jamais en public avec elle pour éviter d'être écrasé sous l... omphante supériorité des *cocodès* en vogue

Il se considérait comme le plus malin des deux et ne voulait, à aucun prix, passer pour un jobard.

Le bourgeois frôlait les hommes à la mode au bois, aux courses, chez le restaurateur, les connaissait, en était connu, échangeait avec eux, à l'occasion, un salut cérémonieux de sa part, discret et protecteur de la leur, mais ne les fréquentait pas et n'était jamais admis à leurs réunions.

Il se savait minotaurisé par eux, comme dirait Balzac, à l'heure et à la nuit, et n'en avait nul souci, trouvant la chose toute naturelle, s'en estimant, jusqu'à un certain point, honoré et jubilant même intérieurement de voir *ces messieurs* donner de la valeur et du prestige à l'objet de luxe qui lui coûtait si cher.

Son rêve constant et favori, caressé avec délices, était de mettre, un jour ou l'autre, la main sur une marquise dans la débine, afin de prendre cyniquement sa revanche et d'humilier la noblesse. Il poursuivait cet idéal sans relâche et sans succès, la vénalité des femmes du monde étant alors chose à peu près inconnue, et se résignait, en attendant, à être traité de Turc à More par les impures...

Le sportsman pourri de chic était le roi des amants sérieux.

C'était, à tous égards, un fort grand seigneur, quelque chose comme Lauzun ou Fronsac, modernisé et opérant dans le demi-monde. En possession d'un grand nom et d'un beau titre bien authentique, jeune, riche, prodigue jusqu'à la folie, excessivement élégant avec une note personnelle très accentuée, il était débraillé, bohème, noceur et tout ensemble de bonne compagnie ; portant en lui une distinction native, un grand air, qui se dégageaient de toute sa personne et perçaient à travers ses allures d'un sans-façon presque trivial, d'une familiarité qui, pour être un peu hautaine, n'en paraissait pas moins, de prime abord, assez choquante.

Vous l'eussiez transporté des clubs, du *turf* et des cabinets particuliers qui absorbaient sa dévorante existence dans un salon ultra-*select* du vrai monde, qu'il n'y aurait point été déplacé une minute, et qu'immédiatement on l'eût remarqué pour l'aisance patricienne de ses façons, pour la distinction et le tact exquis de son maintien. Dans les rares apparitions de ce genre qu'il lui arrivait de faire, il enlevait d'emblée tous les suffrages et hypnotisait les matrones du *gratin*...

Mais il dédaignait ces satisfactions trop platoniques pour son scepticisme gouailleur et pour son vertigineux entrain, et leur préférait de beaucoup les victoires faciles et plus substantielles ; ayant une maîtresse en titre, la plus capiteuse et la plus lancée du moment, pour laquelle il faisait toutes les extravagances et toutes les folies imaginables, avec laquelle il dévorait allègrement et magnifiquement sa fortune.

Ce qui ne l'empêchait pas, entre temps, de jeter le mouchoir aux belles petites qui se trouvaient sur son chemin et qui ne lui marchandaient point leurs bonnes grâces, dans l'espoir de le fixer et de bénéficier de ses largesses.

Il traitait volontiers les cocottes comme des femmes du monde et celles-ci comme des filles, s'attaquant, de temps à autre, aux plus dévergondées, brusquant le dénouement et les menant à la baguette. On l'entendit un soir, à travers une cloison, après une conversation criminelle avec une duchesse du meilleur cru, la houspiller plus que cavalièrement et lui dire, entre autres choses : « On t'en f...ichera des éponges de soixante francs pour te laver le... cou ! »...

Séduisant, au total, entraînant, éblouissant, tantôt amant sérieux et tantôt amant de cœur, il brillait dans ces deux rôles et y avait une égale réussite.

Le boyard, comme son nom l'indique, arrivait en droite ligne des bords de la Néva. Il se disait plus Parisien qu'un Parisien du faubourg Montmartre et il l'était effectivement par l'esprit, par le luxe, par le raffinement, par le genre d'existence.

Roulant sur l'or, beau comme l'antique, supérieurement doué, il se croyait tout permis, mettait les pieds sur la cheminée, n'avait rien de caché pour ses maîtresses — pas même les soins hygiéniques réclamés par la nature — et, sous prétexte qu'il les payait très cher, les traitait comme de simples serfs, ce qu'elles n'acceptaient qu'en rechignant.

Elles s'en dédommageaient en l'humiliant dans le tête-à-tête, en le détestant cordialement malgré tout ce qu'il avait pour plaire et en parlant de lui d'un ton méprisant aussitôt qu'il avait le dos tourné... Les courtisanes de ce temps-là subissaient les exotiques, mais elles ne se plaisaient qu'avec les Français, à qui elles étaient toujours disposées à faire des concessions.

LES AUTRES

Les amants de fantaisie de ces dames étaient les plus nombreux. Il y en avait une infinité et une étonnante variété ; car la fâcheuse uniformité, mère de l'ennui, n'existait point dans le beau monde d'alors, où chacun conservait son individualité.

Il y avait le sentimental, aimé pour lui-même, qui croyait que c'était arrivé, se laissait empaumer par un crampon, filait avec lui le parfait amour, l'adorait comme il eût fait d'une rosière et nourrissait la douce illusion de lui rendre sa virginité.

Celui-là était un bellâtre, poétique, naïf et court d'entendement, qui donnait le meilleur de son âme sans s'apercevoir qu'on ne le prenait exactement que pour la force de son biceps et la carrure de ses épaules...

Triste, rêveur, taciturne et bon, il se tenait à l'écart de la bamboche et des fêtes bruyantes, s'efforçait d'isoler l'objet aimé, croquait le marmot sous sa fenêtre des nuits entières lorsque la douce enfant éprouvait le besoin de varier ses divertissements, se lamentait piteusement pour une infidélité et, finalement, poussait des cris de paon quand, de guerre lasse, on le remerciait.

Puis, le don Juan, le mangeur de cœurs, joli garçon, élégant, bien tourné, vicieux et voluptueux jusqu'à la racine des cheveux, enjôleur, ensorceleur, entreprenant et insouciant : l'homme à femmes dans toute la force du terme.

Il n'avait qu'à se baisser pour en prendre. Elles lui faisaient les avances les moins dissimulées. Elles se l'arrachaient littéralement et il les subjuguait toutes les unes après les autres... si ce n'est à la fois.

Très gai compagnon, excellent camarade, amoureux exceptionnel, il avait, dans les alcôves, une réputation solidement établie, tant il savait faire vibrer la corde sensible. Elles l'idolâtraient d'autant mieux, elles couraient d'autant plus après lui qu'il ne s'attardait point dans de longues liaisons et qu'il avait soin de s'en aller avant qu'on ne le mît à la porte, de quitter les tourterelles encore frémissantes et inassouvies.

La faiblesse du don Juan, qui cependant était rempli d'esprit, était de s'imaginer qu'il ne tenait qu'à lui d'être aimé indéfiniment et que, si la constance eût été dans sa nature, jamais une femme ne l'aurait lâché. On n'est pas parfait !

Il y avait l'amant à la bonne franquette, qui poussait sa pointe sans prétentions et qui, sans en avoir l'air, s'en fourrait jusque-là... Le financier mondain de la haute banque, jeune, viveur et répandu, qui casquait dans les grands prix et se croyait chéri pour ses beaux yeux.

Enfin, les artistes et même les acrobates, dont les abandonnées les plus huppées ne faisaient point fi à leurs moments perdus. Faure, Nicolini, Capoul et jusqu'à Léotard, sur son trapèze, en ont su quelque chose.

Je me souviens qu'un jour, étant arrivé à l'improviste chez une jeune beauté fort courue, qui m'honorait de ses bonnes grâces, je la trouvai lisant un poulet au bas duquel se pavanait la signature d'un acteur en renom et qui était ainsi conçu :

« Comment faire pour te voir ? Hier soir, je t'ai aperçue aux *Variétés*; mais tu n'as pas daigné jeter les yeux sur moi. J'étais modestement assis aux fauteuils d'orchestre pendant que tu te prélassais dans une avant-scène avec ton homme d'argent... »

L'homme d'argent, c'était moi. Pas de commentaires, n'est-ce pas ?...

LES ACTRICES

X

Les Actrices. — Les Théâtres de genre sous le second Empire. — Un trio d'enchanteresses. — Blanche Pierson. — La bagarre du *Cotillon*. — M. de Morny et les manifestants. — Un duc porté en triomphe par la foule. — Un vieux gentilhomme au *violon*. — Invention géniale d'un jeune seigneur pour payer ses dettes. — Céline Montaland. — Les inconvénients du massage. — Léonide Leblanc. — Sa conversion et son apostolat. — Léonide Leblanc au conseil de guerre.

Notez bien que ce n'est point de la critique théâtrale que j'entends faire ici. Je n'ai nullement la coupable intention de pontifier ni de me livrer à des considérations soporifiques sur les qualités professionnelles des artistes de mon jeune temps ; moins encore de mettre en lumière les plus signalées et les plus en vogue au point de vue de l'art et du talent.

Je veux tout simplement parler de la pléiade de jeunes et jolies personnes qui appartenaient, à la fois, au théâtre et au demi-monde, qui furent plus à la mode en tant que femmes que comme actrices — bien que d'aucunes aient parcouru une brillante carrière — et dont les charmes personnels, rehaussés par l'éclat et par le prestige de la rampe, ont laissé aux hommes de ma génération d'ineffaçables souvenirs.

Les théâtres de genre, sous le second Empire, étaient assidûment fréquentés par les viveurs de marque. Les avant-scènes, les baignoires, les fauteuils d'orchestre y étaient habituellement, et en grande majorité, occupés par la crème des fashionables. C'étaient des sortes de succursales des deux ou trois clubs en renom, où l'on avait coutume de se retrouver presque chaque soir, dont on connaissait tous les êtres et qui empruntaient à la présence et à la prépondérance des jeunes seigneurs du high-life une grande partie de leur cachet d'incomparable élégance et de leur succès.

Les membres de la coterie masculine qui formaient le public dirigeant, pour ne pas dire omnipotent, avaient, pour la plupart, de nombreuses accointances avec la scène en la personne de ces demoiselles, qui tenaient grand compte de leurs suffrages, s'efforçaient de leur plaire et jouaient souvent beaucoup plus pour eux tout seuls que pour le reste des spectateurs.

On échangeait continuellement des sourires, des petits signes d'intelligence, quelquefois des mots piquants et des plaisanteries à haute voix.

Au point qu'il m'est arrivé de voir des comédiennes s'arrêter court au milieu d'une tirade sur une exclamation partie du premier rang des fauteuils et être prises d'un tel fou rire qu'il leur fallait un bon moment avant de pouvoir continuer. C'étaient alors des bravos, des trépignements, des explosions de gaieté inénarrables...

Il s'établissait ainsi, entre le public et les interprètes, un courant sympathique, une communication intime et incessante qui stimulaient la verve de ces derniers, provoquaient l'enthousiasme du premier et donnaient aux représentations un entrain extraordinaire, une physionomie, tout ensemble mondaine et débraillée, impossible à décrire.

L'art dramatique ou lyrique, la gloire, la postérité, étaient, en général, le cadet des soucis des jeunes beautés qui montaient sur les planches des petits théâtres ; et, si elles avaient du mérite, des dons innés, des capacités acquises — ce qui n'était point rare — elles les déployaient sans apprêt, sans prétentions aucunes, presque sans s'en douter.

Ce qui leur importait, ce qu'elles recherchaient, ce qui les préoccupait, avant tout, c'était la grâce, c'était la séduction, c'était la toilette, c'étaient l'admiration et les applaudissements des beaux messieurs des avant-scènes, c'étaient les triomphes amoureux.

Aussi celles qui se lançaient dans la galanterie

tenaient-elles la tête du mouvement et occupaient-elles, dans la corporation, une situation privilégiée, avec un attrait tout particulier et une nuance caractérisée de correction et de tenue, qui, sans que le diable y perdît rien, les rendaient singulièrement affriolantes, suggestives et désirables.

Je passe sous silence les belles petites, alors en très grand nombre, figurantes ou rôles insignifiants, dont le seul but, la seule ambition, était d'exhiber leurs formes plantureuses devant un parterre en délire et qui, pourtant, méritent une mention, non seulement parce que leurs maillots étaient bien remplis, mais encore parce qu'elles restaient au théâtre, même après qu'elles étaient casées, même après fortune faite, — ce qui ne se voit plus de nos jours.

En l'an de grâce et de prospérité 1861, au début de la phase la plus étincelante du régime impérial et des spectacles parisiens, trois comédiennes, trois femmes accomplies et délicieuses, à l'éclosion de leur prestige et de leur rayonnante beauté, apparaissaient au premier plan et se disputaient les hommages du sexe laid. C'étaient : Blanche Pierson, Céline Montaland et Léonide Leblanc.

Ce trio d'enchanteresses, d'un type différent, mais toutes trois si parfaitement jolies et captivantes que le berger Pâris en personne en eût été terriblement embarrassé, personnifiait toute une époque enrubannée, pomponnée, musquée, sentant la poudre à la Maréchale, faite de splendeurs, d'enivrements et de plaisirs ininterrompus.

Elles formaient un groupe charmant et épanoui qui se détachait d'une façon lumineuse de l'ensemble du tableau et qui vous laissait une impression indestructible. Je la retrouve vivante dans mon esprit, cette impression, et je ne puis évoquer le souvenir de l'une d'*elles*, sans qu'immédiatement les deux autres me reviennent à la mémoire.

Pierson et Montaland — morte, hélas! récemment — sont entrées, dans la maturité de l'âge, à la *Comédie Française*. Léonide Leblanc, qui a failli en forcer les portes la première, est restée sur le seuil — je n'ai jamais bien compris pourquoi.

BLANCHE PIERSON

Qui ne l'a pas connue, cette charmeuse, dans la fleur épanouie de ses dix-huit printemps, ne sait pas ce que peut être la grâce, unie à la jeunesse, à la fraîcheur, à l'éclat, à la perfection des lignes et à la finesse des traits.

Naturellement blonde, d'un blond calme et agréable aux reflets châtains, avec de beaux yeux langoureux et doux, à la fois honnêtes et suggestifs; avec le plus joli visage, le teint le plus éblouissant, la physionomie la plus avenante et la plus attractive, illuminée par le plus ravissant sourire qu'il soit possible de rêver, elle avait un corps charmant, des formes exquises, accentuées par un léger embonpoint, — qu'elle a perdu depuis, — une taille élégante et souple, des façons de grande dame, qui, dans l'intimité, se transformaient en adorables câlineries, un timbre de voix caressant, harmonieux et enjôleur qui vous pénétrait et vous remuait jusqu'aux moelles, et un fluide enivrant, une *odor di femmina* se dégageant de toute sa personne, qui achevait de la rendre séduisante, empoignante et désirable autant que femme l'ait jamais été.

Avec cela, un caractère aimable et enjoué, une rare égalité d'humeur; un langage naturellement châtié, sans recherche ni pédanterie, mais dans lequel ne perçait, à aucun moment, ni une trivialité ni un gros mot; une extrême simplicité allant jusqu'à l'abandon et, à l'occasion, jusqu'à la lasciveté, mais toujours sur un ton de bonne compagnie et de parfaite distinction ; une nature fine et délicate, raffinée au delà de tout, plus sensuelle, au fond, qu'elle n'en avait l'air, faite pour l'amour et l'intimité plus encore que pour les succès bruyants, ayant des replis félins, des coins de tendresse presque enfantine, dans lesquels se cachaient des griffes roses prêtes à sortir quand elle le voulait. Pour ses amis et ses amoureux préférés, toujours souriante, bonne enfant, disposée à leur être agréable, pleine de condescendance, de petites prévenances et de gentillesse.

C'est assez dire qu'il lui avait suffi de paraître sur la scène du *Vaudeville* pour tourner la tête à tous les hommes ; et le financier opulent et en vedette qui fut assez heureux pour décrocher la timbale avait une rude concurrence à soutenir en la personne des plus fringants cavaliers et des mondains les plus à la mode de ce temps-là.

Tous étaient à ses pieds et s'enthousiasmaient pour ses charmes. L'admiration qu'elle excitait dans le camp des *cocodès* provoqua même une aventure retentissante, qui a fait époque et dont elle fut l'héroïne. Voici ce qui arriva :

La direction du théâtre du *Vaudeville*, situé alors place de la Bourse et, généralement, voué aux fours dramatiques, avait monté une pièce intitulée : *Le Cotillon*, dans laquelle Blanche Pierson devait danser seule quelques mesures de valse.

Or, ce solo chorégraphique ennuyait prodigieusement la jolie comédienne, qui, n'ayant pu obtenir du directeur et de l'auteur de le supprimer, entra dans une sainte fureur, se plaignit à ses admirateurs, leur monta la tête et leur fit partager, sans peine, son mécontentement.

Tant et si bien que ces messieurs, épousant la querelle de leur Divinité, montèrent une cabale formidable et résolurent d'empêcher la représentation.

Le soir de la *première* du *Cotillon*, la plupart

des fauteuils d'orchestre étaient occupés par les conjurés. Le Jockey-Club au grand complet, le duc de G...t-O...sse en tête ; le tout-Paris fashionable et viveur ; les adorateurs habituels de Pierson se trouvaient là effervescents et résolus, prêts à prendre l'offensive au premier signal.

A peine le rideau était-il levé que, de tous les rangs des fauteuils, éclata, comme un coup de tonnerre, le plus indescriptible boucan qu'il soit possible d'imaginer. On voulait faire taire les acteurs, cesser le spectacle, à tout prix, faire tomber la pièce. Et, comme il y avait des opposants en assez grand nombre, on se prit de bec furieusement, on se jeta des petits bancs à la tête, on échangea des horions, voire des coups de casse-tête : le sang coula et il y eut une ou deux blessures assez sérieuses...

La police, cela va sans dire, intervint, — trop tard, selon sa coutume, — opéra des arrestations, et les meneurs, la fine fleur des élégants, le dessus du panier des *clubmen*, furent conduits au poste, en habit noir et le gardénia à la boutonnière, comme de simples vagabonds. Quant à la comédie elle fut brusquement interrompue et, après un essai infructueux le lendemain, à tout jamais enterrée.

Sur ces entrefaites, on était venu prévenir de ce qui se passait M. de Morny, qui se trouvait au *Jockey*, — installé à cette époque au coin du boulevard et de la rue de Grammont — et qui, de suite, fit donner l'ordre de relâcher les manifestants un à un et sans bruit, de manière à ne pas attirer l'attention des badauds.

Mais la foule s'était assemblée devant le poste de police et, lorsque G...t-C...sse, le plus connu de la bande, en sortit, elle s'empara de lui, le porta en triomphe jusqu'au club et, arrivée là, lui fit une ovation. Cet incident lui avait donné une sorte de popularité, les étudiants du quartier Latin lui firent demander s'il voulait qu'ils organisassent une démonstration contre le gouvernement et, le printemps suivant, en traversant le faubourg Saint-Antoine pour aller aux courses de Vincennes, il fut acclamé par le populaire...

Dans la bagarre, il y eut des épisodes d'un haut comique, des détails on ne peut plus amusants. Je n'en citerai qu'un qui vaut son pesant d'or :

Un camarade à moi, grand casseur d'assiettes, grand coureur de *steeple-chases* et de guilledou, très haut coté sur le *turf*, qui était à la tête de deux ou trois cent mille francs de dettes, dont il commençait à se trouver fort empêtré, apprend, dans la soirée, que son père, vieil Harpagon colossalement riche, arrêté par hasard, au milieu des tapageurs, n'a pas encore été élargi et qu'il gémit sur la paille humide des cachots. Il songe à aller le réclamer. Soudain, une pensée diabolique lui traverse l'esprit... L'occasion est unique ;

pourquoi n'essayerait-il pas de la mettre à profit? Et, froidement, il envoie dire à l'auteur de ses jours, par un ami complaisant, que s'il veut être rendu à la liberté, il faut qu'il s'engage, préalablement, à solder le passif de son cher fils!

Pris au dépourvu, terrifié par la perspective de coucher au violon, le vieux richard, très radouci, promet tout ce qu'on veut et s'en tire, le lendemain, par une transaction, — en payant la moitié de la petite note. C'était toujours ça de gagné...

CÉLINE MONTALAND

Une brune classique, avec une peau de blonde d'une blancheur éclatante. Des cheveux aile de corbeau, à bandeaux plats, des yeux brillants comme des diamants noirs; une petite bouche, un peu pincée, meublée de perles; une taille cambrée, pleine de désinvolture; des épaules admirables, bien que légèrement empâtées; un pied invraisemblable de perfection; des attaches d'une remarquable finesse : telle était Céline Montaland, vraie Manola andalouse, piquante, plantureuse, accomplie, parlant aux sens et provoquant le désir sitôt qu'on l'apercevait.

Excellente fille, au cœur d'or, aimante, affable, généreuse, sans fiel ni rancune, avec un esprit enjoué, rempli de naturel et de bonhomie, elle était aussi universellement aimée qu'admirée et il serait difficile de dire si les hommages dont elle était entourée s'adressaient plutôt à sa beauté qu'à sa nature, la plus sympathique, la plus attachante que l'on pût rêver.

Ajoutez à ce portrait une somme de dons rares et étonnamment variés qui, dès son enfance, lui avaient permis de jouer la comédie, de chanter, de danser même, alternativement, avec une stupéfiante facilité et un réel talent, et vous aurez une idée de l'engouement exceptionnel dont elle était l'objet, des triomphes qui l'accueillirent à l'aurore de sa carrière de femme.

La première fois que je l'ai vue c'était à la *Porte-Saint-Martin*, où, toute jeune encore, elle dansait, dans le *Pied de Mouton*, avec une grâce et une *maestria* incomparables, un entraînant *boléro*.

Parée d'un étincelant costume espagnol, à la jupe courte, qui découvrait la plus jolie jambe du monde, maniant les castagnettes avec un art consommé, en vraie ballerine de *tra los montès*, belle comme on ne l'est pas, souple, ondoyante, gracieuse, captivante au suprême degré, elle électrisait littéralement toute la salle et chacune de ses entrées en scène était saluée par des salves d'applaudissements qui n'en finissaient pas... Je n'ai jamais pu la revoir depuis sans me la représenter sous cet aspect.

Elle était, à ce moment-là, en liaison avec un seigneur moscovite des plus répandus à Paris et des plus goguelus, qui contribua, certes, à sa célébrité, mais qui passait pour manquer de poésie et pour ne pas la traiter, tous les jours, avec les égards et la galanterie qu'elle aurait mérités. Les anecdotes que l'on racontait, à ce sujet, d'un naturalisme si brutal que je n'ose les répéter, défrayaient la chronique des clubs et nous donnaient à tous l'envie de servir d'instruments de vengeance à l'adorable créature, qui, heureusement pour elle, a eu, par la suite, des dédommagements.

Mais une petite aventure que l'on peut rappeler, par exemple, et qui est des plus drôles, c'est le procès que la bonne Céline eut avec un masseur à qui elle avait confié le soin de la débarrasser de l'embonpoint qui commençait à l'envahir — heureux coquin! — et qui n'avait, paraît-il, tenu qu'imparfaitement ses engagements...

Dans ces dernières années, elle avait occupé au théâtre des emplois importants, dont la jeune génération a gardé le souvenir. Elle était devenue pensionnaire de la *Comédie française* et mère de famille exemplaire. Puis, à l'apogée du succès, elle s'est laissé mourir, sincèrement regrettée de tous ceux qui l'avaient approchée.

LÉONIDE LEBLANC

Au physique, une des femmes les plus complètes, peut-être la plus complète de son temps.

Le plus joli minois, la tête la plus parfaitement régulière et séduisante, le regard le plus délicieux, la physionomie la plus expressive et attrayante que j'aie jamais vus, sur un corps modelé, ni trop grand, ni trop petit, ni trop gras, ni trop maigre, fait au tour de la plante des pieds, qu'elle avait très petits, à la racine des cheveux, qu'elle avait superbes. La volupté en chair et en os, avec une tournure de marquise du dix-huitième siècle, une démarche pimpante, des mouvements serpentins et moelleux à vous donner la chair de poule.

Au moral, le caprice et la fantaisie personnifiés. Le cœur sur la main, l'imagination ardente et passionnée, l'esprit vif et original, avec une pointe de naïveté juvénile dans la forme, qui lui donnait une saveur particulière. Insouciante, bohème à ses heures, aimant le plaisir et la petite fête, jetant l'or à pleines mains, lorsqu'elle en avait, et ne sacrifiant, pour le conserver, ni une toquade, ni une distraction, ni, à plus forte raison, une affection ; s'amusant sans désemparer et ne manquant pas de talent.

Trop jolie, trop capiteuse, trop élégante, trop lancée, pour consacrer, dans sa première jeunesse, beaucoup de temps à son art, faisant des ravages effrayants dans les rangs du sexe mâle, elle était entraînée par le tourbillon. Ce ne fut que plus tard, lorsqu'elle eut la bonne fortune d'attacher à son char un prince de sang royal, que le goût lui vint du travail et de la prévoyance et qu'elle devint, du même coup, une artiste sérieuse et une femme définitivement calée.

Rendons-lui cette justice qu'elle avait conscience de l'honneur qui lui était échu. Pendant la lune de miel, après la guerre, elle conseillait volontiers à ses amis de l'Empire tombés en disgrâce de *se faire orléanistes* — comme si ces choses-là pouvaient s'apprendre quand on n'a pas été pris tout petit!

— Il n'y a encore que ça de bon dans ce moment-ci, disait-elle de son petit air mutin et sérieux tout à la fois.

Et c'était plus vrai qu'elle ne pensait...

Les pontifes de la secte ne lui ont pas toujours tenu compte de cette ferveur et, l'an dernier, à la répétition générale de la *Revue* jouée dans un grand cercle parisien, comme elle s'était carrément approchée de son ancien protecteur et qu'elle avait causé un instant avec lui, il s'est trouvé des puritains pour crier au scandale :

— Quelle inconvenance! compromettre ainsi monseigneur! s'écriaient ces hommes vertueux, à cheval sur la morale et l'étiquette.

Monseigneur en avait vu bien d'autres et je gagerais que la rencontre a été loin de lui déplaire. Excès de zèle! a murmuré la galerie sceptique. En tout cas, beaucoup de bruit pour peu de chose.

Que n'aurait-on pas dû dire, alors, de l'adorable répartie de la spirituelle et malicieuse actrice à une femme du monde un peu pimbêche qui, à l'une des audiences du procès Bazaine, voulait, à toute force, lui prendre sa place, sous prétexte que c'était la sienne et qu'elle lui avait été donnée par le Président du Conseil de guerre en personne ?

— C'est trop fort! s'écriait la dame qui était montée sur ses grands chevaux. On n'a pas idée d'une pareille audace! Je dîne ce soir chez Monseigneur et je me plaindrai à lui de cet affront. Ca ne se passera pas comme ça!...

— Ah! vous dînez chez Monseigneur!... répond tranquillement Léonide, en toisant sa rivale d'un joli regard impertinent, eh bien! moi, j'y ..... soupe!...

XI

Comédiennes. — Athalie Manvoy. — Une mère d'actrice révolutionnaire. — Judith Féreira — Chef d'orchestre séducteur. — Émilie Keller. — A Turin. — Prince et comédiennes. — Martine. — Léontine Massin. — Un mot de Théodore Barrière. — Hortense Neveu. — Desclée.

ATHALIE MANVOY

Une petite figurine de Saxe aux cheveux châtains, à l'œil vif et émerillonné, à la taille mignonne et bien cambrée, aux allures étourdies et un peu brusques; jolie à croquer avec sa frimousse espiègle et finement ciselée; toute jeune, tout épanouie, pleine d'entrain, de brio, de coquetterie et de roublardise.

Intelligente au possible, amusante, provocante, enjôleuse, douée d'un surprenant esprit de répartie, assaisonné, par moments, d'un peu d'aigreur et de méchanceté; mais futée et fin de siècle avant le temps, elle entendait n'aliéner son capital qu'à bon escient. Et, si elle batifolait allègrement avec les jeunes seigneurs à la mode, qui tous lui faisaient une cour assidue, elle s'en tenait aux bagatelles de la porte et se réservait pour quelque chose de plus sérieux.

Dans les coulisses du *Vaudeville*, où elle avait beaucoup de succès, elle était constamment entourée par la crème du Jockey-Club et du Cercle de la rue Royale, qui, attirée par ses agaceries, son charme piquant et l'originalité de son caractère, rôdait autour de sa crinoline dans l'espoir, longtemps déçu, de lui voir faire un choix ou de profiter d'un instant d'abandon.

Ce ne fut que plus tard qu'elle daigna jeter le mouchoir au plus riche de ses admirateurs, sympathique *gentleman* qui eut le privilège de la séduire et de la fixer.

Jamais je n'oublierai ces soirées passées dans les coulisses du *Vaudeville* autour d'Athalie Manvoy et où un petit clan de camarades, gais, exubérants, endiablés, comme on l'est à vingt-cinq ans, se livrait, sans arrêter, à toutes les farces et à toutes les gamineries imaginables.

Il se passait là des scènes comiques à vous désopiler la rate et auxquelles la mère de l'étoile naissante, une véritable mère d'actrice, veillant sur son trésor avec une jalousie farouche, donnait un fumet très particulier.

Cette bonne dame, qui avait vécu, disait-on, dans l'intimité d'Armand Marrast et qui était imbue de toutes les doctrines des vieilles barbes de

48, affectait une haine profonde pour la noblesse, — la noblesse pauvre apparemment. Elle avait pris à tic l'un des attentifs de sa fille, garçon de beaucoup d'esprit qui, justement, ne portait pas un nom aristocratique, mais qu'elle soupçonnait, non sans raison peut-être, d'avoir des intentions d'une pureté douteuse, et elle ne laissait pas échapper une occasion de lui marquer son hostilité.

Un soir qu'il avait lutiné plus que de coutume sa chère enfant et qu'il avait même essayé, si je ne me trompe, de joindre le geste à la parole, elle se planta devant lui et, le regardant bien en face d'un air menaçant et tragico-bouffon :

— Je ne veux pas que ma fille serve de jouet à l'aristocratie, entendez-vous, monsieur !...

Une autre fois, à la suite de je ne sais plus quelle plaisanterie que venait de lui faire le fin loustic, elle s'écria devant tout le monde :

— Oh ! ce M. X..., je l'exècre ! Quand il montera sur l'échafaud, je louerai une fenêtre pour le voir passer...

A quoi M. X..., se retournant vers la petite et lui adressant son plus gracieux sourire, répondit :

— Mademoiselle, je suis trop poli pour répondre à madame votre mère ; mais je vous prie de lui dire, de ma part, que je m'asseois dessus !...

Et c'était comme cela perpétuellement, à jet continu. Sans compter les épisodes, les petites histoires, les bouderies, les querelles, les rivalités résultant du *flirt* intense et furieusement mouvementé de la bande joyeuse avec la jolie comédienne.

Athalie Manvoy ne s'éternisa pas au théâtre ; elle ne fit presque qu'y passer. Tout à coup, on ne la vit plus, on n'entendit plus parler d'elle et, un beau jour, on apprit qu'elle avait quitté ce monde.

JUDITH FEREIRA

Une ravissante Juive, aux yeux et aux cheveux noirs, au teint coloré, à l'ovale antique, aux traits d'une finesse et d'une régularité très remarquables.

Elle réalisait le type complet de sa race dans ce qu'elle a de plus pur et de plus attirant ; avec un corps de grandeur moyenne admirablement proportionné, un regard humide des plus capiteux, une voix juste et agréable, un jeu brillant et animé ; un enjouement rempli de coquetterie et de luxure raffinée, mélangé à une indicible expression de candeur, qui faisait une impression étrange et ajoutait à la séduction répandue sur toute sa personne.

Engagée au théâtre des *Variétés*, où elle était l'idole du public et le clou de toute bonne représentation, elle paraissait sur la scène toujours étincelante de diamants et souvent en costume court, montrant une jambe idéale. Prodigue de sourires et d'œillades, superlativement élégante, elle avait un succès fou au théâtre et à la ville, ne passait pas, tant s'en faut, pour rester insensible aux hommages, et ne semblait nullement être sur la route qui conduit au mariage.

Lorsque, soudainement, les habitués des fauteuils, dont les lorgnettes étaient constamment braquées sur elle, remarquèrent certains regards et certains signes d'intelligence échangés avec le chef d'orchestre, jeune maëstro bien tourné et flambant.

Ils crurent d'abord à une étourderie ou à des rapports de bonne camaraderie. Mais le manège s'accentuant et se renouvelant avec autant de persistance que de régularité, ils ne tardèrent pas à découvrir qu'il s'agissait bel et bien d'une intrigue.

Peu à peu, le bruit se répandit que la belle Judith était sérieusement éprise de l'Holopherne de l'archet. Chaque soir, à partir de ce moment-là, les spectateurs suivaient, non sans curiosité et sans intérêt, le développement du roman qui se déroulait sous leurs yeux et s'y intéressaient au moins autant qu'au spectacle véritable. On ne parlait plus d'autre chose pendant les entr'actes ; on en potinait, à la sortie, dans les clubs.

Et quand on apprit le dénouement, quand on sut que Judith Fereira épousait pour de bon, par-devant monsieur le maire, son objet, ce fut un événement...

La pauvre petite femme ne survécut pas longtemps à son changement d'existence, dont on assurait, pourtant, qu'elle était très éloignée de se repentir, et, peu de mois après son entrée en ménage, encore dans tout l'éclat de la jeunesse, de la beauté et du triomphe, elle mourut.

Combien se sont envolées parmi ces riantes apparitions qui ont charmé notre jeunesse !...

ÉMILIE KELLER

Elle a fait ses premières armes à Turin, au Théâtre-Français, en compagnie de Caroline Letessier, entourée d'une petite cour de diplomates et d'officiers, et terminé sa carrière artistique en Russie, non comme actrice, mais comme directrice d'une troupe de province. Et, dans l'intervalle de ces deux dates, qui marquent l'aurore et le déclin de son règne, quelle existence mouvementée ! Quelle agitation, quelle fièvre ! Quelles alternatives de hauts et de bas ! Quels succès à Paris, où elle brille un instant à l'égal des plus célèbres, et quels brusques retours de fortune ! Quelle énergie déployée et quelles victoires remportées sur le destin !

Brune châtain, pimpante, sémillante, le regard vif et intelligent, le minois chiffonné, la démarche élégante et décidue, avec un petit mouvement de hanches des plus émoustillants qui faisait merveilleusement ressortir la souplesse et la perfection de sa taille; blanche, potelée, faite à souhait, vrai type de soubrette classique, elle était on ne peut plus jolie et séduisante, en dépit d'une petite cicatrice qui lui balafrait légèrement la joue et qui, bien qu'assez apparente, ne déparait nullement sa physionomie.

Nature un peu bohème, cabotine dans l'âme, elle avait le cœur très tendre, la belle Emilie, et elle sacrifiait, sans marchander, son intérêt à ses sentiments ou à ses plaisirs; adorant les beaux hommes, surtout lorsqu'ils étaient en uniforme; aimant la petite fête, les bons vivants, les gais compagnons, les amoureux entraînants et passionnés, les tempéraments de flamme, et apportant, dans les relations de galanterie ou de pure camaraderie, un esprit alerte et bien parisien, beaucoup d'entrain, de bonne humeur, de gaminerie, de charme.

Comédienne amusante, maîtresse exquise, amie fidèle, elle jouait d'une façon fort agréable, chantait très joliment le couplet, plaisait à première vue et attachait dès qu'on était entré dans son intimité. Signe particulier : ne se brouillait jamais avec ses amants lorsqu'ils avaient cessé de plaire, et restait généralement avec eux dans des rapports de tendre amitié.

A Turin, pendant les premières années de son exubérante jeunesse, elle avait fait la pluie et le beau temps; et, bien qu'elle eût alors un train de vie des plus simples et des plus modestes, une situation pécuniaire souvent voisine de la gêne, des toilettes sans prétention, la fine fleur des cavaliers se disputait ses bonnes grâces.

Elle était le boute-en-train, et un peu aussi l'enfant terrible, de la coterie endiablée de jolies actrices françaises et de jeunes seigneurs piémontais qui se réunissait habituellement chez Honorine, la favorite en titre du vieux prince de Carignan — pas pour y réciter les litanies de la Vierge, comme bien on pense. On y soupait presque tous les soirs après le spectacle et on s'y livrait à des ébats qui n'avaient rien de solennel ni de gourmé. Oh ! non...

On y passait des heures charmantes, et plus d'une fois les murs du coquet appartement furent témoins de petites aventures très plaisantes. Il y en eut même une ou deux qui firent un certain bruit à la cour et à la ville, et dont on parla jusque dans les salons les plus collets-montés de la capitale la plus intraitable sur les convenances des cinq parties du monde.

Une nuit, entre autres, au moment le plus animé et le plus abandonné du festin, celui où les convives, rendus expansifs par de copieuses libations, commençaient à se montrer d'une effrayante sincérité, la maîtresse de la maison, debout et le verre en main, achevait à peine de s'écrier, sur un ton emphatique : « A la santé de mon vieil imbécile ! » que l'Altesse royale, objet de ce toast irrespectueux, entrait comme une bombe, sans s'être fait annoncer, et s'arrêtait court sur le seuil de la salle à manger, effaré, courroucé et amusé, tout ensemble, de ce qui s'offrait à sa vue !...

On juge du coup de théâtre. La statue du Commandeur, apparaissant soudain dans une embrasure de porte, aurait produit, à coup sûr, une impression moins terrifiante sur la folâtre compagnie. Tous restèrent cloués, médusés, immobiles, hébétés. La pauvre Honorine, horriblement troublée, tremblante, décontenancée, ne savait où se fourrer et ne trouvait pas un mot à dire. Seule Emilie Keller ne perdit point la tramontane et, s'avançant résolument vers le prince :

— Monseigneur, vous arrivez à point ! Nous venions, précisément, de boire à votre santé...

L'histoire, naturellement, fut racontée, et elle ne fit qu'accroître la notoriété et le relief de son héroïne.

Toutefois, son ère de splendeur et de prospérité ne devait réellement se dessiner qu'à son retour à Paris dans le courant de 1863, si j'ai bonne mémoire.

Elle débuta, cette année-là, aux *Variétés*, dans les *Danses nationales*, en jupe courte — ce qui lui allait à ravir, — et ne tarda pas à être très en faveur auprès de la fraction privilégiée du public qui faisait ou défaisait les réputations féminines.

Quelques mois après, elle possédait une calèche à huit ressorts, des chevaux splendides, des meubles mirifiques, des bijoux à faire envie au shah de Perse, et elle était cataloguée en très bonne place parmi les demi-mondaines de haute marque. Elle joue alors au *Palais-Royal* et triomphe sur toute la ligne.

Cinq ans plus tard, on la retrouve en Algérie, vivant tranquillement et bourgeoisement avec un brave, élégant et richissime officier de cavalerie, cousin de l'empereur.

Puis, quand survient l'année terrible, qui rompt sa liaison, ayant dédaigné, comme la cigale, d'épargner pour la morte-saison, elle s'expatrie, va à Pétersbourg, y a du succès, s'y crée des appuis et devient directrice du théâtre d'Odessa. L'affaire périclite ; elle se démène, elle se débat, elle remonte sur l'eau et finit par surnager.

Je l'ai rencontrée récemment sur le boulevard des Italiens, un peu engraissée, mais toujours jolie, ma foi, et aussi souriante, aussi aimable, aussi bonne fille qu'aux plus beaux jours de l'ancien temps.

MARTINE

La perle du *Palais-Royal*. Brune, au teint frais, très jolie, très bien faite, produisant, à la scène, un effet phénoménal ; plastiquement, une

HORTENSE SCHNEIDER

des femmes les plus excitantes que l'on puisse imaginer.

Sa chevelure était si abondante et si longue qu'elle aurait pu s'en faire un manteau. Elle en était très fière et la dénouait, dans l'intimité, sans qu'on eût besoin de l'en prier beaucoup.

D'apparence un peu froide, du reste ; nature réfléchie et calculatrice, peu portée à l'emballement, elle préférait le solide au clinquant, savait choisir parmi ses adorateurs, les menait, si l'on en croit la chronique, par un petit chemin qui n'était pas toujours semé de roses ; et, bien qu'elle eût pour le moins autant de succès à la ville qu'au théâtre, manifestait un goût prononcé pour l'existence tranquille et retirée, n'affichait guère ses fredaines, se contentait, extérieurement, d'un train assez modeste, se mettait, relativement, fort peu en évidence et faisait plus de besogne que de bruit.

LÉONTINE MASSIN

Il suffit de la nommer pour évoquer une foule de souvenirs charmants et agréables. Ce fut un modèle achevé de comédienne amusante et bien douée, et de femme capiteuse et élégante.

De beaux grands yeux très expressifs ; une bouche sensuelle et délicieuse de fraîcheur, quoique un peu grande ; une peau merveilleuse, des cheveux du plus pur blond vénitien, une jolie taille, une gorge à point ; une structure de blonde grasse, singulièrement appétissante ; une grâce parfaite, un sourire emperlé, qui éclairait la scène ; une voix sympathique, timbrée d'argent, formaient un ensemble admirable et la rendaient diaboliquement désirable.

Elle avait un goût exquis et renommé pour la toilette. Toutes ses robes et tous ses costumes de théâtre faisaient sensation ; on les acclamait.

Gaie, rieuse, ensoleillée, bonne camarade, indépendante, inexacte, toujours en retard pour les répétitions et pour les représentations, elle exerçait sur les directeurs et sur les auteurs un ascendant magique et les menait gentiment par le bout du nez.

Etonnamment précoce à tous égards, elle s'était échappée de pension à treize ans et demi pour devenir pensionnaire d'un théâtre de Constantinople, où elle se fit, pour son coup d'essai, un très respectable magot.

De retour en France, elle s'engage au *Palais-Royal*, y figure, d'abord, dans une des pièces à femmes et y joue ensuite le rôle d'une des demoiselles des *Jocrisses de l'Amour*. Puis, Montigny et l'influence d'un prince la font entrer au *Gymnase*. Après quoi, elle passe au *Vaudeville*, où son succès d'artiste et de demi-mondaine se dessine.

Pendant le siège de Paris, voulant, comme la plupart des jeunes femmes d'alors, se montrer patriote, elle trouve moyen de s'enrôler, en qualité de vivandière, dans la Garde nationale — la vraie.

Tantôt dans l'opulence et tantôt dans une misère noire, passant, sans transition, du grand seigneur au cabotin, elle avait la manie de jouer à la femme mariée et s'occupait des détails les plus minutieux de son intérieur avec une conviction comique.

Un jour, surprise par Barrière dans l'exercice de ses fonctions, le plumeau à la main, elle s'écrie en l'apercevant : « — Suis-je assez femme de ménage, hein ? »

Et l'autre, qui était brutal, lui répond : « Pas encore, mais ça viendra... »

En dernier lieu, — qui ne s'en souvient ? — elle avait créé à l'*Ambigu*, avec un talent supérieur, le rôle de *Nana*, dans lequel elle exerçait un irrésistible empire de drôlesse. Puis, atteinte d'une terrible maladie, au moment même où tout semblait lui sourire, complètement paralysée pendant de longs mois, elle disparut, il y a cinq ou six ans déjà, depuis un certain temps, oubliée de ce public parisien qui brise si facilement ses idoles quand elles ne lui servent plus à rien.

HORTENSE NEVEU

C'était une bien jolie et bien attrayante personne que cette vraie brune au teint mat, aux yeux flamboyants, aux cheveux noirs à reflets bleuâtres, qui avait une vogue insensée sur les planches du *Palais-Royal* et autre part.

Point bégueule, aimable, insinuante, légèrement bohème, adorant les soupers et la bamboche, et ayant, par surcroît, quelque talent.

Elle était très courue et très appréciée des *cocodès* dans le mouvement, et participait à toutes les fêtes, grandes et petites, de son temps. Ce qui ne l'empêchait nullement, au surplus, d'être assidue à son théâtre et de remplir ponctuellement les obligations de sa profession.

Elle jouait, de temps à autre, à Compiègne, et fut même la dernière comédienne qui, en 1869, dans *la Consigne est de ronfler*, parut sur un théâtre de la cour. On racontait, à ce propos, que, pendant une répétition, elle avait été surprise par la souveraine à l'instant où un chambellan trop enflammé, et qu'elle s'efforçait en vain de calmer, se trouvait à ses genoux dans une attitude des moins correctes... Je n'ai pas vérifié l'exactitude de l'anecdote.

DESCLÉE

Cette grande artiste, qui a émerveillé Paris, Londres et l'Italie, sa mère adoptive ; qui, après s'être révélée dans *Froufrou*, a incarné *la Princesse Georges* et *la Femme de Claude*, et à qui est échu le suprême honneur d'un éloge funèbre prononcé sur sa tombe par Alexandre Dumas, avait eu des commencements pénibles et difficiles.

Il y eut un moment où, après avoir débuté à dix-neuf ans au *Gymnase* — en 1855 — sans aucun succès, elle s'était échouée au *Variétés* dans une revue intitulée : *Sans queue ni tête*, dans laquelle elle figurait en jupon court à paillettes... Elle était, alors, en liaison avec un officier sans fortune et habitait, au cinquième étage, un taudis, avec un piano d'occasion, des fleurs et des oiseaux pour tout ornement.

Après quoi, elle disparaît pendant quatre ans, menant une vie agitée, se débattant comme une désespérée contre l'adversité et la gêne.

Parisienne de Paris, née dans la rue de l'Ancienne-Comédie et appartenant à une famille de bonne bourgeoisie, dont le chef était un avocat distingué, ami du Père Enfantin, elle avait reçu une éducation complète et obtenu le prix de comédie au Conservatoire.

Jolie, elle ne l'était pas, assurément. Mais quelle étincelle jaillissait de ses yeux étranges ! Quelle distinction innée, quelle originalité et quelle race ! Et, lorsque façonnée, moralement, par Dumas, affinée par la culture intellectuelle et par l'éducation artistique, elle s'éleva à une grande hauteur, quels n'ont pas été le relief et le cachet de sa personnalité, la fascination de son talent, qui ne ressemblait à aucun autre ?

Pas de comédienne plus accomplie, plus enva-

10.

hissante, plus émotionnante, ni de femme plus empoignante.

En 1871, déjà mourante, elle joue, comme Molière, pour sauver le théâtre pendant la Commune. Puis, en 1873, elle va à Londres et meurt à Paris en 1874.

XII

L'opérette. — Offenbach et Hervé. — Hortense Schneider. — *Mimi Bamboche.* — *La Belle Hélène.* — *La Grande Duchesse.* — Souper Impérial. — Triste fin d'un amoureux précoce. — Lise Tautin. — Elmire Paurelle. — Une *Première* à sensation. — Les trois Vénus. — Blanche d'Antigny. — *Le petit Faust.* — Les soupers de la rue Lord-Byron. — Candide jouvenceau.

Les dix dernières années du second Empire ont vu, successivement, l'éclosion, le développement, l'apogée et la vogue extraordinaire de l'opérette; genre nouveau, superlativement léger, croustilleux et frondeur, né d'une civilisation ultra-raffinée, merveilleusement adapté à la société parisienne du temps et auquel le talent particulier, la verve musicale, la fécondité, je dirais presque le génie d'Offenbach, qui en fut l'inventeur, donnèrent une splendeur et une attraction incomparables.

Orphée aux enfers, aux *Bouffes;* la *Belle Hélène, Barbe-Bleue,* la *Grande-Duchesse,* aux

Variétés; la *Vie parisienne*, au *Palais-Royal*, eurent un immense succès auprès du public fashionable et attirèrent, sans interruption, tous les brillants viveurs du *high-life*.

On allait là plusieurs fois par semaine, comme à l'Opéra et aux Italiens ; souvent, plusieurs soirs de suite. On savait la pièce par cœur et on entretenait des rapports suivis avec les étoiles de la troupe, pour la plupart fort en évidence, fort lancées et fort à la mode.

J'ai connu un amateur qui avait assisté, sans un jour d'intervalle, à quarante-cinq représentations d'*Orphée*. Vous pensez bien que ce n'était pas pour enfiler des perles qu'il se livrait à cet exercice !...

Après Offenbach, ce fut le tour du compositeur Hervé, qui, avec l'*Œil crevé* et le *Petit Faust*, dans lesquels il jouait lui-même, à merveille, un rôle important, fit courir tout Paris aux *Délassements-Comiques*, où l'on applaudit aussi, à outrance, la *Fille de madame Angot*, de Lecoq.

Hortense Schneider, Tautin, Blanche d'Antigny, Zulma Bouffar et quelques autres occupaient les principaux emplois et tenaient le premier rang dans l'opérette. Elles étaient entourées d'un essaim de jolies et séduisantes personnes, dont l'histoire, comme la leur, est une suite de triomphes retentissants, inscrits en caractères ineffaçables dans les fastes du théâtre et de la haute galanterie.

HORTENSE SCHNEIDER

La reine de l'opérette; la diva de prédilection d'Offenbach, qui créa la plus grande partie des rôles marquants de ses œuvres et pour qui ces rôles étaient créés, qui se les appropria, qui les incarna, qui leur donna une saveur unique, un relief énorme, un chic inouï et fit les trois quarts de leur succès. Le type le plus complet, le plus réussi, le plus captivant de la chanteuse et de l'actrice dans cette manière spéciale de la musique bouffe, qui demande des dons à part et qui ne se confond avec aucune autre.

Elle avait tout: la beauté, la grâce, le charme, l'entrain, l'originalité, la voix, le jeu de physionomie, la coquetterie, le goût, le geste et jusqu'à des intonations à elle, des petites mines à la fois prodigieusement canailles et éminemment distinguées, dont elle possédait le secret; je ne sais quelle sensualité de bonne compagnie qui s'échappait de tout son être et qui vous ensorcelait.

Blonde, fraîche, grassouillette, même un peu forte, avec les plus belles épaules et la plus jolie jambe du monde, elle était remarquable par la finesse de son profil au nez petit et légèrement aquilin, aux lèvres minces et bien dessinées, au menton pointu s'avançant imperceptiblement sur la bouche, dont il était très rapproché.

Ajoutez à cela un ravissant sourire, gai, spirituel, malicieux; des yeux adorables, sans être très grands, un regard étonnamment expressif, et vous comprendrez l'impression qu'une telle femme devait faire sur les mâles de son époque.

Une imperfection, cependant. Elle avait un pouce absolument défectueux. Mais elle le dissimulait avec tant d'art et de soin, elle savait si bien manœuvrer, elle se servait de ses mains avec une telle dextérité, que, même dans le tête-à-tête le plus relâché, il était presque impossible de s'en apercevoir.

Et la gaieté épanouie, la verve friponne, la vivacité d'esprit, la sève juvénile de cette superbe créature, vrai Rubens descendu de son cadre, respirant la vigueur, la santé, la franche volupté!... Personne, dans un souper, n'apportait plus d'animation, de mouvement, d'agrément. Elle ensoleillait toutes les réunions où elle se trouvait. Elle en était l'âme et y rayonnait d'un éclat sans rival.

Très habile, au fond, très prévoyante, très positive, ne faisant fi ni du luxe, ni de l'argent, ni du bien-être, s'entendant à merveille à prendre les alouettes au miroir et les pigeons à la glu, elle possédait, en revanche, au suprême degré, l'art de se montrer insouciante, rieuse, bonne enfant; et, comme elle ne demandait pas mieux que de faire marcher de front les distractions et les affaires sérieuses, ses amoureux, pour peu qu'ils eussent une valeur quelconque, n'avaient, en général, qu'à se louer de ses procédés. Aucun, que je sache, n'a gardé de ses relations avec elle un souvenir amer, et, quant aux rares veinards pour qui elle a daigné avoir une toquade véritable, c'est un culte enthousiaste qu'ils ont toujours professé à son endroit.

La célébrité d'Hortense Schneider date des *Mémoires de Mimi Bamboche*, pièce amusante, moitié vaudeville et moitié opérette, qui, en 1861 ou 1862, faisait fureur au *Palais-Royal*.

Elle était, à ce moment-là, en liaison ouverte avec le duc de G.....t-C.....sse, qui en paraissait fort épris, se livrait, en son honneur, à toutes les folies imaginables et l'avait lancée d'emblée dans la grande vie. Ce lien ne se rompit que trois ou quatre ans après, par la mort du duc, qu'elle assista et entoura constamment de ses soins pendant les derniers mois de la cruelle maladie de poitrine à laquelle il a succombé en pleine jeunesse.

L'apparition de *la Belle Hélène* sur la scène des *Variétés* et le succès foudroyant qu'elle eut dans le rôle d'Hélène la mirent sur le pavois, et elle commença à devenir la lionne du jour. On l'applaudissait frénétiquement sur les planches et on l'admirait au Bois, se promenant triomphalement dans la calèche à rechampis rouges qu'elle n'a jamais quittée depuis et au fond de laquelle on la voyait encore, il y a une dizaine d'années, un peu épaissie, un peu déformée, mais toujours belle, souriante, appétissante.

Toutefois, ce ne fut que dans *la Grande-Duchesse de Gérolstein* qu'elle déploya tous ses moyens, qu'elle atteignit au faîte de son talent et de son inexprimable séduction. La pelisse sur l'épaule, le talpack de hussard sur l'oreille et la cravache à la main, elle était délicieusement suggestive et entraînante. Rien ne peut rendre l'effet magnétique qu'elle produisait sur la salle.

Et, lorsque, avec un brio plein de crânerie et de sous-entendus galants, elle chantait :

> J'aime les militaires,
> J'aime...

c'était du fanatisme, de l'ivresse, du délire.

Le plus piquant est qu'elle passait à ce moment-là pour les aimer réellement, les militaires. On lui prêtait, à tort ou à raison, une double intrigue avec deux flambants officiers du même régiment, appartenant tous deux à la crème du monde élégant et dont l'un, à ce qu'on assurait, lui avait fait présent de la magnifique parure d'émeraudes qui ornait son costume...

Ce qui est certain c'est qu'elle avait à ses pieds la fleur des cavaliers parisiens. Jeunes seigneurs, hauts et puissants personnages, boyards opulents, financiers mondains, tous se disputaient ses bonnes grâces.

ROSE DESCHAMPS

En 1867, au cours de l'Exposition universelle qui nous valut la visite de tant de souverains étrangers, on disait qu'un empereur, entouré, à bon droit, d'un immense prestige, avait télégraphié de sa capitale qu'on eût à lui retenir, pour le soir même de son arrivée à Paris, une loge à *la Grande-Duchesse* et un souper intime avec la princesse de Gérolstein. On disait... bien d'autres choses encore. On colportait, à son sujet, de si fantastiques anecdotes que les bonnes petites camarades, jalouses de son auréole, en avaient fortement conçu de l'humeur :

Mais, c'est *le passage des Princes*, que cette femme! s'était écriée la plus venimeuse d'entre elles.

Barbe-Bleue ne fit que confirmer sa notoriété et son triomphe. Partout où elle paraissait, elle cueillait les lauriers à pleines mains. Elle inspirait des passions violentes, et, ne faisant rien comme tout le monde, elle eut des aventures tout à fait extraordinaires.

La plus retentissante fut l'odyssée de ses amours avec un tout jeune homme, portant un nom aristocratique illustre et qui devint si éperdument amoureux d'elle qu'il adopta un enfant dont il ne pouvait matériellement pas passer pour être le père, — adoption que la famille du jouvenceau fit, par la suite, casser, du reste. Le pauvre garçon ne tarda guère à mourir poitrinaire, comme C...sse, complètement ruiné et de la façon la plus triste qui se puisse imaginer.

Après la guerre, la belle Hortense, qui avait eu le rare bon sens de quitter le théâtre avant l'heure des déceptions, voulut essayer du mariage. Mais l'expérience ne lui réussit point et la rupture suivit de près la lune de miel.

Aujourd'hui, elle habite bourgeoisement la banlieue, où elle vit très retirée, dans le calme et l'aisance, ne venant que bien rarement, et sans être remarquée, dans ce Paris qu'elle a jadis révolutionné. Il y a des années que je ne l'ai aperçue.

LISE TAUTIN

L'Eurydice d'*Orphée aux Enfers*, à la création de cette première œuvre à sensation d'Offenbach.

Pas absolument jolie, avec son visage chiffonné, son petit nez retroussé, ses cheveux châtains, ses yeux un peu ternes ; mais du chien à en revendre, un air polisson des plus émoustillants, une tournure pleine de grâce et de désinvolture, un corps bien proportionné et d'une rarissime perfection de formes. Au total, une femme charmante et prodigieusement désirable.

Sa voix était bien timbrée, fort étendue, fort souple, et son talent, dans la mesure où il était appelé à s'exercer, indiscutable. En scène, elle brûlait les planches et vous avait une flamme, un diable-au-corps, une mimique, tour à tour comique et lascive, d'un effet irrésistible.

Impossible de décrire avec quelle vigueur, quel feu, quelle ardeur entraînante elle chantait le rondeau de la fin du dernier acte : « Evohé ! Bacchus est roi... » et les bravos forcenés qui éclataient aux fauteuils d'orchestre lorsque, en jupon très court, découvrant le plus délicieux des mollets, elle dansait un cancan échevelé, pimenté de tout l'abandon, de toutes les poses libertines, de toute la science chorégraphique des ballerines professionnelles de Mabille et du Château-des-Fleurs...

Mais, par un bizarre contraste, cette actrice étincelante, qui semblait créée pour les voluptés folles et élégantes, pour les plaisirs tintamarresques et qui n'éveillait, au théâtre, que des idées folichonnes, avait, dans la vie, l'aspect et les allures d'une petite bourgeoise réservée et tranquille.

Elle vivait modestement, dans un intérieur des plus simples, dépensant peu, mise comme une grisette, ne se mêlant jamais à la haute noce et presque toujours collée maritalement avec des inconnus qui la tenaient très serré et qu'elle n'aurait voulu quitter à aucun prix.

Assez sensuelle, d'ailleurs, très sentimentale et très romanesque, elle ne détestait point les petites fugues clandestines et les coups de canif dans le contrat donnés à la dérobée...

C'était la meilleure fille du monde, une des natures les plus aimables et les plus attachantes que j'aie rencontrées. Elle aurait certainement grandi en réputation et fait beaucoup plus parler d'elle si la mort n'était venue la frapper prématurément aux environs de la trentaine.

ELMIRE PAURELLE

La plus séduisante et la plus courue de cet escadron de jolies filles qui, dans *Orphée aux Enfers*, caracolaient autour de Tautin.

Sans être ce qui peut s'appeler une grande beauté, elle avait du galbe, de l'attrait, des détails exquis, à peine voilés par la tunique plus qu'écourtée de *Cupidon*, qu'elle représentait avec infiniment de bonne grâce et d'enjouement; offrant, entre autres choses, à l'admiration des spectateurs, une jambe déliée, nerveuse, à la Diane chasseresse, qu'elle exhibait avec une complaisance marquée, et qui faisait rêver les jolis messieurs assis à l'orchestre...

Parmi ses nombreux adorateurs, quelques-uns lui reprochaient de manquer de feu sacré et de se laisser aller à des distractions blessantes pendant qu'on lui contait fleurette et qu'on s'abandonnait tout entier à l'ivresse d'un doux rendez-vous. Ce dont elle se défendait, très drôlement, en disant qu'elle savait être autrement quand ça lui plaisait et que tout dépendait de l'intérêt que lui inspirait son interlocuteur.

Je dois à la vérité de confesser que bien qu'elle fût souvent fantasque et inégale, plus d'un de ses amoureux se louait d'elle sans réserve et lui reconnaissait, après expérience faite, toutes les qualités.

Il y en eut même, dans le nombre, qui lui trouvèrent de tels mérites et s'y attachèrent si fortement, qu'ils en perdirent la boussole. Témoin ce jeune officier, homme à bonnes fortunes s'il en fut et devenu depuis un père de l'Église, qui, le soir d'une première représentation où elle remplissait un rôle à effet, ne trouva rien de mieux, pour lui assurer un succès foudroyant, que de louer la salle entière des *Bouffes* et de la garnir de ses amis.

L'équipée ne plut que médiocrement aux augustes parents de ce parfait amant, et ils profitèrent de la circonstance pour l'envoyer réfléchir en Algérie aux inconvénients de courtiser des actrices et de prendre trop de soin de leur renommée.

Quant à la sémillante Elmire, elle continua la série de ses exploits. Elle fit encore pas mal de bruit dans Landerneau; elle enchaîna, pour une longue période, un *gentleman* des plus distingués et des plus goûtés. Puis, tout à coup, elle disparut et j'ai complètement perdu sa trace.

LES TROIS VÉNUS

Les trois Vénus — d'*Orphée aux Enfers*, s'entend ; les trois femmes inoubliables qui, à la création de l'œuvre, représentèrent, l'une après l'autre, la déesse de la Beauté et des Amours. Maréchal, qui créa le rôle ; Garnier, qui la remplaça au bout de très peu de temps, et Rose Deschamps, qui forma la marche.

La première était une perfection, de la tête aux pieds ; une véritable statue grecque, sans un défaut, sans une irrégularité, belle comme on ne l'est pas, mais manquant d'animation et d'expression ; un peu trop inerte, un peu trop matérielle, un peu trop païenne pour des yeux parisiens du dix-neuvième siècle.

La seconde, d'un type analogue, quoique moins parfait ; artistiquement belle aussi, avec un corps splendide, une chevelure rousse, un teint éclatant de blancheur, était plus moderne et plus mouvementée. Elle exhalait un pénétrant parfum de volupté et vous avait un œil plein de promesses, que l'on assurait n'être point trompeuses. A peu près nue, n'ayant rien de caché pour le public, idolâtre de ses charmes, elle excitait, chaque soir, les plus coupables convoitises et se faisait applaudir à outrance par la simple production de sa personne.

La troisième enfin — Rose Deschamps —

moins plastiquement belle que les deux autres, moins moulée, moins complète au point de vue de la ligne, était plus mignonne, plus élancée, plus jolie, dans l'acception mondaine du mot. Elle avait une figure fine et aristocratique, aux traits arrondis et délicats, d'une admirable fraîcheur et un petit air Pompadour on ne peut plus insinuant.

Comment, par quel hasard étrange, tout cela a-t-il suffi pour la conduire, dans les dernières années de l'Empire, à la Comédie-Française ? C'est ce qu'il faudrait demander à un parent de l'Empereur, bien connu sur la place, qui passait pour ne pas lui être indifférent.

Je me borne, moi, à constater qu'elle a été une des femmes les plus appétissantes et les plus recherchées de sa génération.

GERVAIS

Une assez jolie personne châtain clair, avec une toute petite tête, un nez à la Roxelane, une physionomie et des façons de gamin ; une taille svelte, très bien prise ; des membres grêles, mais parfaitement modelés, comme ceux des fausses maigres ; des toilettes mirobolantes, des équipages à l'avenant et des conquêtes en quantité respectable.

Elle jouait *Cupidon*, dans *Orphée aux Enfers*, après Paurelle, à laquelle elle avait succédé sans la faire oublier, à mon avis, et se distinguait surtout, dans cet emploi, par des gestes et des phrases de gavroche et par sa manière de faire un pied de nez à Jupiter. Jamais potache en rébellion contre le pion qui vient de le mettre en retenue n'a fait une grimace plus expressive et plus espièglement bouffonne.

Somme toute, grande courtisane plutôt qu'actrice. Plus de chic que de talent.

BLANCHE D'ANTIGNY

La Marguerite du *Petit Faust*, composé pour elle par Hervé.

C'était une belle, bonne, blonde, réjouie et plantureuse fille, aux yeux bleu saphir, à la chair couleur de lait, toujours en gaieté et en santé.

Grasse, fraîche, épanouie, de complexion un peu forte et un peu massive, elle avait un buste superbe, une gorge opulente, modelée et arrogante, qui contrastaient légèrement avec la partie inférieure de son corps, relativement grêle. Au total, ragoûtante au possible et ne manquant que d'une seule chose, qui s'appelle la distinction.

En revanche, beaucoup de physionomie, de vivacité, de feu, et une expression de sensualité joviale et bon enfant que soulignait d'une façon piquante une bizarre et agréable irrégularité dans la bouche.

Toujours de belle humeur, active, alerte, disposée à s'amuser, ayant sans cesse le mot pour rire et le propos grivois, portée à la gaudriole et à la bamboche, prodigieusement élégante avec cela, dépensant sans compter, faisant du bruit, de l'effet et des victimes, elle fut, un moment, une des reines et une des joies de Paris.

Quand elle commença à être remarquée, elle arrivait de Russie, où un très grand personnage, à qui elle avait tourné la tête, ne lui refusait absolument rien. Elle se promenait alors au bois avec un curieux attelage russe et des trotteurs de l'Ukraine, conduits par un moujik en blouse de soie, qui attiraient tous les regards, et elle ne faisait que de courtes apparitions parmi nous. A peine était-elle signalée et courtisée, qu'elle repartait pour Saint-Pétersbourg, rappelée par son sultan.

Mais, un beau matin, soit que l'amoureux moscovite se fût blasé, soit qu'elle eût la nostalgie du boulevard, au lieu de regagner les bords de la Néva, elle entra au *Palais-Royal*, par la grâce de Nestor Roqueplan ; ne fit qu'y passer et, se montrant, tout à coup, dans *Chilpéric*, vêtue d'une soyeuse peau de mouton blanche, qui ne voilait guère plus sa nudité que ne l'eût fait une simple feuille de vigne, elle séduisit, d'emblée, le public.

Puis après, lorsque vint le *Petit Faust*, dans ce rôle si original de Marguerite, qu'elle avait inspiré, et dans lequel elle était tour à tour d'une candeur naïve et d'une effronterie des plus comiques ; qui faisait valoir merveilleusement toutes ses qualités, tous ses charmes et jusqu'à ses défauts eux-mêmes, elle conquit définitivement la faveur du brillant monde parisien et eut un très grand succès.

Les hommes à la mode, les jeunes seigneurs les plus courus, les nababs les plus étincelants, les parvenus les plus cossus lui faisaient une cour acharnée et rivalisaient à son égard de générosité et de passion.

Elle se laissait aller au courant avec entrain et insouciance, ayant des collages retentissants et des distractions pimentées ; affectant un goût très vif, une préférence marquée pour les viveurs du vrai monde, amusants et spirituels ; étant, avec eux, franche, accommodante, excellente camarade et traitant les *tompins*, dont elle avait horreur, par-dessous la jambe — même lorsqu'ils étaient des pontes sérieux. Elle avait le talent de les faire casquer, — et dans les grands prix encore, — tout en se moquant d'eux sans ménagements.

Rien de plus drôle, de plus animé, de plus singulier, de plus charmant que les soupers qui avaient lieu, chaque soir après le spectacle, dans son petit hôtel de la rue Lord-Byron.

On trouvait là pêle-mêle, et y venant de fondation, sans être invités, la crème des *cocodès*, tous intimement liés avec la maîtresse de la maison, ayant leurs aises, leur franc parler, se considérant comme chez eux, et quelques adorateurs timides d'un milieu moins relevé, quelques jouvenceaux inconnus s'essayant à la haute noce, qui servaient généralement de têtes de Turc à ces messieurs du Jockey-Club et à leur persifleuse amie.

Il y en avait deux, entre autres, que l'on mystifiait à plaisir, et qui faisaient le bonheur de la coterie. Je me souviens de l'entrée du plus candide des deux, lequel, entre parenthèses, s'était déjà fendu d'une parure de diamants et d'une paire de chevaux de vingt mille francs, et je n'oublierai jamais son ahurissement.

— Baron, lui avait dit Blanche, demain je vous ferai faire la connaissance des jeunes gens les plus superlativement *chics* de Paris. Il faut que vous vous formiez aux belles manières et que vous sachiez ce que c'est que la véritable distinction.

Or, les autres, qui étaient prévenus et qui, d'ailleurs, quoique de fort bonne compagnie, avaient, chez les demi-mondaines, la plaisanterie plutôt grasse, eurent une tenue et tinrent un langage à scandaliser un régiment de matelots… Je vois encore la tête du bonhomme. C'était à se rouler !…

Et comment finit cette rieuse incorrigible, cette splendide créature, que nous avions connue et admirée exubérante de vie et de fraîcheur ? Au retour d'un voyage au Caire, à peine débarquée au Grand-Hôtel, elle y mourut, sans avoir eu le temps de défaire ses malles, défigurée, dit-on, par la petite vérole. Pauvre Blanche !

XIII

Vanghel. — Zulma Bouffar. — A la cravache. — Lasseny. — Anecdote réaliste. — Silly. — Delval. — Paola Marié. — Histoire d'un portefeuille et d'un rastaquouère. — Thérésa. — Gabrielle Elluini. — Suzanne Lagier. — Isabelle la bouquetière.

VANGHEL

On ne peut prononcer le nom de Blanche d'Antigny et évoquer le souvenir du *Petit Faust* sans se représenter, en même temps, le délicieux *Méphisto* qu'était Vanghel.

Je ne crois pas que le travesti ait jamais été porté avec plus de grâce et de désinvolture que par cette jolie personne, dont le maillot collant dessinait une paire de jambes comme on en voit rarement sur la scène et ailleurs, et qui joignait à un visage régulier et expressif la tournure la plus agréable et la plus dégagée que l'on puisse imaginer.

Sa voix et son talent étaient à la hauteur de ses

avantages physiques et elle chantait les couplets des *Saisons* avec une finesse, un sentiment, un art des nuances difficiles à exprimer.

Qu'elle plût infiniment, qu'elle contribuât, dans une large mesure, au relief et à la vogue du rôle qu'elle avait créé, qu'elle fût lorgnée et convoitée par la plupart des spectateurs du sexe mâle, c'est indiscutable, et je n'hésite pas à m'en porter garant.

Mais ses conquêtes amoureuses restèrent dans l'ombre, sa vie privée ne fut point ébruitée, et, en dehors du théâtre, on ne savait pas grand'-chose de ses faits et gestes. Quelques *on-dit*, tout au plus ; encore sans une réelle certitude. Tout porte à croire, cependant, qu'elle n'a pas dû sécher sur pied.

ZULMA BOUFFAR

Baroque comme son nom, merveilleusement douée, chanteuse d'un certain mérite, actrice inimitable, séduisante sans être jolie ; mélange bizarre et éminemment comique de folichon et de sérieux, de femme galante et d'artiste consciencieuse.

Sa silhouette : un minois singulièrement éveillé, un petit air polisson, de beaux yeux, un nez retroussé, une bouche étrange et voluptueuse, un menton de galoche, un visage large et légèrement aplati. Puis, de belles formes grassouillettes, un mollet étonnant, des hanches proéminentes et, en costume écourté, un... arrière-main prodigieusement développé, se reliant vigoureusement aux... parties supérieures des jambes non moins volumineuses...

Sous cette enveloppe, un esprit pétillant, un tempérament ardent, une nature à la fois fêtarde et pondérée, et un caractère difficile qui lui faisait bien des ennemis.

Après avoir débuté, à quatre ans, dans un drame militaire au théâtre de Marseille, elle joue à Cologne, ensuite à Bruxelles et recueille partout des applaudissements enthousiastes.

Ce n'était rien, pourtant, en comparaison de ceux qui l'attendaient à Paris où, engagée aux *Bouffes*, elle se révéla dans *Lischen et Frischen*, d'Offenbach, qui consacra sa réputation. Il fallait voir avec quelles gentilles petites mines et quel irréprochable accent germanique elle chantait :

Petits balais, etc.

Si bien qu'on la crut Alsacienne, alors qu'elle était du Midi.

Sur ce premier succès, elle entre au *Palais-Royal* et crée le rôle de Gabrielle dans la *Vie parisienne*, ce qui la met tout à fait en évidence et la classe en bon rang parmi les femmes de théâtre les plus à la mode. Clubmen, artistes, princes exotiques deviennent ses esclaves, et on raconte que les flegmatiques sont soumis au régime de la cravache, — ce dont ils ne se plaignent pas davantage que ne se plaignait Jean-Jacques Rousseau de recevoir le fouet des blanches mains de madame de Warens...

Elle reparait, après la guerre, dans cette grosse farce, moitié féerie et moitié opéra, qui s'appelle *le Roi Carotte*, en resplendissant costume persan, et y brille une fois encore pour s'éclipser ensuite et ne surgir de nouveau que comme directrice.

Un détail curieux, c'est qu'elle faillit chanter *Carmen*. C'est pour elle que Bizet, Meilhac et Halévy l'avaient écrit. Puis, au dernier moment, Meilhac ne voulut pas qu'elle jouât, sous prétexte qu'il était impossible que Zulma reçût un coup de couteau. Oh ! ces auteurs dramatiques !...

LASSENY

Encore une qui a compris et pratiqué l'alliance russe bien avant qu'elle ne fût à l'ordre du jour.

Elle était grande, elle était rousse, elle était belle et empoignante sans être irréprochablement jolie. Avec des traits accentués et sans grande régularité, elle avait une peau extraordinaire de transparence et de blancheur, de fort beaux yeux bleus, dont elle se servait à souhait; une taille admirable, un corps de marbre, et de la branche !... Et du chien !... Et du bagout !... Et un vocabulaire pittoresque !... à vous flanquer le feu dans l'organisme.

Aussi, à peine avait-elle débuté dans les cafés-concerts en renom qu'elle eut une nuée d'admirateurs des plus mirobolants, un train de maison à tout casser, des toilettes d'un luxe inouï et une situation de demi-mondaine hors de pair. En moins de quatre ans, elle trouva moyen de mettre deux ou trois gentilshommes de choix absolument sur la paille.

C'est qu'elle s'entendait à merveille à vider la bourse d'un amoureux ; et cela sans le faire crier, en l'amusant, en l'enguirlandant, en lui donnant toutes sortes de distractions; en lui procurant, sans marchander, des jouissances et des satisfactions incessantes, dont elle était d'autant plus prodigue que, les partageant de très bonne foi, elles ne lui coûtaient guère...

Son caractère aimable et enjoué, son esprit naturel, trivial, mais gouailleur, incisif et souvent très fin, comme celui des gamins de Paris, lui étaient d'un grand secours dans ses relations galantes et lui donnaient un charme très particulier.

Née dans les faubourgs, de parents appartenant à la classe populaire, elle avait gardé, au milieu de sa splendeur, quelque chose de son origine. A chaque instant, le bout de l'oreille passait. On citait d'elle des saillies et des boutades renversantes ; on colportait sur son compte de petites histoires incroyables. En voici une qui mérite d'être contée :

Un dimanche d'été, par une chaleur torride, elle était allée à Asnières passer la journée en famille. A une heure, au moment où, en complet déshabillé, elle se prépare à faire la sieste, un ami de la maison accourt tout essoufflé et annonce que l'un de ses frères a disparu depuis la veille et qu'on est fort inquiet sur son sort.

— Ah! mon Dieu, ce pauvre garçon! s'écrie Lasseny. Vite, qu'on aille à sa recherche et qu'on tâche de le retrouver.

Et voilà tous les voisins en campagne, prenant le chemin de Paris, se dispersant dans toutes les directions et se précipitant à la poursuite du malheureux jeune homme.

Pendant ce temps, la tendre sœur, très émue, très anxieuse et ruisselante de sueur, s'accoude à la fenêtre et interroge l'horizon. Trois heures s'écoulent et personne ne vient. Enfin, un des messagers, la figure décomposée, débouche au coin d'un carrefour :

— Eh bien? lui crie la belle du plus loin qu'elle l'aperçoit, tout en s'épongeant le front avec son mouchoir.

— Eh bien!... il est à la Morgue!...

— L'animal!... A-t-il de la chance d'avoir un robinet d'eau froide sur la g....e!

Se non e vero...

L'année terrible étant survenue, Lasseny part

pour Saint-Pétersbourg, où elle provoque un enthousiasme qui tient du délire, accumule les triomphes, acquiert une popularité sans précédents et enchaîne un haut fonctionnaire, homme du monde accompli, riche, prodigue et magnifique, par des liens si tendres et si indissolubles que la mort seule a pu les rompre.

De retour à Paris, elle entre au théâtre et aborde l'opérette dans *Héloïse et Abélard*. Elle s'installe somptueusement place Vendôme, à côté du cercle des *Mirlitons*, où elle continue à être courue et entourée, et jette une dernière lueur par l'incendie qui éclate dans son appartement et qui détruit tout son mobilier.

AMÉLIE LATOUR

C'en était une qui ne chantait pas ; et bien lui en prenait, car elle avait une voix de crécelle. Mais elle figurait avec avantage dans les pièces à femmes, où elle montrait tout ce qu'elle avait, et c'était beaucoup.

C'était joli aussi, convenons-en ; très joli même, quoique légèrement flasque.

Naturellement brune, elle se teignait de la couleur à la mode et avait quelque chose des pastels de son homonyme. Au surplus, elle ne brillait ni par l'animation de la physionomie, ni par la vivacité et la profondeur de l'esprit. Pas trop non plus par l'ardeur des sens et le romanesque des sentiments, à en croire les initiés.

Son vrai nom était Juliette Lieutet ; sa première profession, blanchisseuse. Ce qui ne l'a pas empêchée d'attacher à son char de fringants diplomates et de jouer un certain rôle dans le monde galant. Certains démêlés qu'elle eut avec sa femme de chambre ont fait grand bruit et lui ont valu un genre spécial de célébrité.

SILLY

C'était une fort belle fille, un peu masculine, un peu noire, à la voix rude, aux mouvements brusques et saccadés ; mais ayant de grands yeux profonds et brillants comme des escarboucles, quoiqu'un brin à fleur de tête ; un regard impératif et hypnotisant qui vous clouait sur place ; un esprit mordant et prodigieusement gai tout ensemble ; une impétuosité saisissante ; un je ne sais quoi de passionné et de volontaire qui semblait devoir vous condamner à un rôle purement passif. En un mot, une de ces femmes créées et mises au monde pour aller au fond des choses et épuiser jusqu'à la moelle les blonds timides et sans défense.

Le point culminant de sa carrière théâtrale a été la *Belle Hélène*. Elle y jouait, avec une verve et un art remarquables, le personnage d'Oreste, fils d'Agamemnon. Tout, jusqu'à ses formes d'adolescent bien bâti, contribuait à lui donner l'apparence d'un très joli garçon, et la façon dont elle interprétait le rôle, son galbe spirituel et amusant de petit crevé de l'ancienne Grèce, faisaient d'elle un des *clous* de ces représentations qui nous ont tant attirés.

A la ville, elle était courue et courait aussi assez volontiers. Son triomphe était le bal de l'Opéra. Elle s'y montrait très assidue et excellait à intriguer la fleur des cavaliers de la haute vie. Plus d'un a été la victime des mystifications qu'elle se plaisait à imaginer, et aucun ne lui en gardait rancune, tant elle y apportait de bonne grâce et de finesse. Les habitués de la *loge infernale* en savaient long sur ce chapitre...

DELVAL

Silly avait une sœur qui ne lui ressemblait en rien, si ce n'est qu'elle était très brune comme elle, et qui jouait les fées dans les féeries de la *Porte-Saint-Martin* et du *Châtelet*. Cette sœur répondait au nom de Delval.

Grande comme un tambour-major et admirablement faite malgré cela, très plastique, très en chair, très voluptueuse, très belle, elle avait une physionomie placide et sans expression qui ne paraissait révéler qu'une intelligence des plus ordinaires.

Le maillot et le nu, relevés par une ornementation savante, avaient été élevés par elle à la hauteur d'une institution. Jamais on n'a rien vu de plus éblouissant et de plus tranquillement impudique. On aurait dit un tableau obscène, comme on en voit aux vitrines des marchands interlopes. Mais avec quel luxe d'étoffes, avec quel raffinement de détails, avec quel goût et quelle entente de la corruption élégante !...

Ç'a été le dernier cri de l'exhibition des formes féminines sur une scène et c'est resté le type du pseudo-costume pour pièces à femmes. Combien de sujets peuvent le supporter ! Là est la question ; et, malheureusement pour les spectateurs, bien des fées de comédie ne sont pas d'un fini aussi irréprochable que la grande prêtresse du genre...

A l'instar de toutes les femmes immenses, Delval était douce comme un agneau. Elle était même si douce que ses amoureux, disait-on, la battaient comme plâtre sans qu'elle opposât la moindre résistance.

Un jour, l'un d'eux, qui était tout petit et qui lui arrivait tout juste à la naissance des appas, jaloux comme un jaguar, lui administra, à propos d'une inconséquence quelconque, — car elle était fidèle, — une maîtresse volée. Ce qui divertit colossalement les camarades et ne modifia nullement ses sentiments pour cet Othello en miniature. Toujours la loi des contrastes !...

PAOLA MARIÉ

Quand j'aurai dit de celle-là qu'elle réalisait aussi complètement que possible le type de la *Fille de Madame Angot*, dont elle ne devait, pourtant, créer le rôle qu'après la guerre, je l'aurai dépeinte presque entièrement.

Impossible de ressembler davantage, physiquement et moralement, à la femme (telle qu'on se la figure) qu'elle était destinée à représenter dans l'opérette de Lecoq, que ne le faisait cette jolie boulotte, blanche et rose, d'un entrain diabolique, d'un toupet provocant, piquante, musquée et talon rouge, en même temps que canaille et populacière.

Sa voix était juste et agréable, et son instinct musical très suffisant.

Elle jouissait de la réputation, méritée ou usurpée, de mener la vie assez dure aux messieurs qui s'éprenaient de ses charmes et d'être intraitable sur la question financière. On faisait, à ce propos, une foule de cancans; on contait force anecdotes, parmi lesquelles la plus caractéristique est la suivante, dont je ne garantis pas l'authenticité et que je ne donne que sous bénéfice d'inventaire :

Un rastaquouère, fraîchement déballé, la voit au théâtre, s'en toque et éprouve le besoin, très naturel, de faire plus ample connaissance avec elle. On s'abouche, par intermédiaire, comme il est d'usage en pareil cas; on convient d'un prix — la bagatelle de deux cents louis — et d'une heure pour le surlendemain.

Au jour dit, le rasta arrive, tout émoustillé, chez la dame de ses pensées, qu'il trouve sous les armes, c'est-à-dire étendue sur sa chaise longue dans une posture des plus abandonnées; et, en loyal et galant chevalier qu'il est, il commence par déposer sur la cheminée un portefeuille renfermant les quatre mille francs stipulés.

On cause, on *flirte*, on échange des agaceries. Une heure se passe et le visiteur, toujours aimable, devient de moins en moins entreprenant; ce qui ne laisse pas que d'étonner considérablement son interlocutrice. Enfin, soit que son caprice se fût dissipé pendant l'entretien, soit qu'il eût fait des réflexions philosophiques sur la forte somme qui allait, pour si peu, sortir de son escarcelle, il se lève, prend congé et s'en va, — sans avoir usé de son droit...

Mais à peine a-t-il franchi la porte qu'il s'aperçoit que le fatal portefeuille est resté dans l'appartement, et, incontinent, il écrit un gentil billet pour le réclamer. Quelle candeur!

— Désolée, lui répond la belle par le retour du porteur, je suis actrice et vous saurez qu'au théâtre on ne rend jamais l'argent quand le rideau est levé...

BLANCHE D'ANTIGNY

Qui est-ce qui fit son nez? etc... etc... (Comme dans la chanson.)

THÉRÉSA

Elle a personnifié un genre et une époque. Elle a été la première et la plus étincelante des chanteuses de café-concert; dépassée certainement, depuis, dans ce qu'elle avait de vulgaire et de choquant; point égalée, à coup sûr, dans son originalité et son talent.

Franchement laide, mais nullement déplaisante, avec une expression triviale dans la physionomie, tempérée par un regard d'une excessive intelligence; artiste jusqu'au bout des doigts, elle était en possession d'une voix superbe, très étendue et très sonore, la modulait avec autant de goût que de méthode et mettait des facultés du premier ordre au service d'un art inférieur dont elle avait le génie, mais dont elle ne pouvait sortir, quoi qu'on en ait dit, sans se diminuer.

La preuve en est dans l'échec relatif qu'elle a subi lorsque, tardivement, elle a eu l'idée de se faire entendre sur une grande scène. Qu'on se souvienne de son apparition dans *la Chatte blanche*... et, pourtant, ses débuts avaient été assez chauffés! Les salons et les clubs ne lui avaient pas marchandé leur concours enthousiaste!

Rien, par contre, ne peut donner une idée du

chic, de la verve entrainante, de la chaleur communicative, de la science consommée avec lesquels elle disait ses chansons et de l'impression qu'elle produisait, alors, sur le public. Elle chantait *la Femme à barbe* avec autant de finesse, de nuances, de soin que si c'eût été une romance de Gounod, et, bien qu'elle fût, dans sa diction, aussi licencieuse et aussi débraillée que son répertoire, elle était toujours acclamée par l'auditoire le plus bégueule.

Les hôtels aristocratiques se l'arrachaient littéralement, et l'engouement devint tel qu'un certain nombre de grandes dames, enhardies par l'exemple d'une spirituelle et un peu excentrique ambassadrice, allèrent jusqu'à l'admettre dans leur intimité...

On chuchotait méchamment, dans les milieux bourgeois et prudhommesques, sur ces relations hétéroclites. On prétendait que les plus emballées parmi les admiratrices de Thérésa ne se gênaient pas pour la tutoyer, et on partait de là pour se livrer à toutes sortes de suppositions qu'à Lesbos on eût trouvées très naturelles... Le Paris de ce temps-là n'était point encore familiarisé avec une certaine catégorie de jeux innocents.

Au surplus, tout cela, je n'en doute pas un seul instant, n'était que de la pure médisance. La seule chose certaine c'est la vogue indescriptible et le grand attrait de la Malibran du café-concert. Au risque de me faire lapider par les puritains, je confesse que, pour ma part, je l'ai souvent regrettée.

GABRIELLE ELLUINI

Une très belle et très excitante créature, aussi remarquée autour du lac que dans les théâtres de genre; élégante entre les élégantes, tournant toutes les têtes, aimant avec une égale ardeur les soupers fins et son métier de cantatrice, et n'attachant pas ses levrettes avec des boudins.

Témoin son amusante aventure avec un amoureux en délire qui lui offrait trente mille francs pour ne pas partir pour le Brésil, où elle venait de contracter un engagement, et à qui elle demanda un million...

Elle ne l'eut point, cela va sans dire, et alla au Brésil, à la grande joie des Brésiliens et pour le plus grand profit de sa fortune, qui s'y arrondit considérablement.

Retirée dans un magnifique château des environs de Paris, avec un train princier, elle y faisait, il y a quelques années encore, beaucoup parler d'elle, et par ses largesses aux pauvres, et par son bonapartisme intransigeant et fanatique, en vertu duquel elle célébrait le 15 août avec tant de pompe, d'ostentation et de fracas qu'elle en avait, parfois, maille à partir avec les autorités locales.

SUZANNE LAGIER

Rien de l'opérette. Et, si je crayonne sa silhouette à cette place, c'est qu'elle m'est, surtout, restée dans l'esprit par sa manière exquise de dire la chansonnette ; ce qu'elle faisait très volontiers, entre amis, se mettant d'elle-même au piano, sans prétentions, et attaquant à bâtons rompus, entre une plaisanterie et un sourire, le plus désopilant et le plus finement libertin des répertoires légers.

Nature charmante, d'ailleurs, aimable et attractive s'il en fut ; bonne, dévouée, aimante, extraordinairement désintéressée : la grisette d'autrefois, doublée d'une artiste et d'une femme d'infiniment d'esprit. Parfaitement jolie, avec cela, quoique envahie de très bonne heure par l'embonpoint.

De ses réparties, de ses mots, souvent empreints d'un naturalisme étonnant, il y aurait de quoi remplir un volume. Je n'en connais pas de plus drôle que sa sortie à un jeune *cocodès* qui lui faisait une cour acharnée :

Comme, dans le feu de ses déclarations, il se livrait à des attouchements prématurés sur sa gorge, d'une opulence très remarquable, elle l'écarta d'un geste vif, en disant :

— A bas les pattes !... tu *les* caresseras quand tu m'aimeras assez pour croire qu'ils sont fermes...

ISABELLE LA BOUQUETIÈRE

La fleuriste patentée et assermentée du Jock-Club, tutoyée par tous ces messieurs, confidente née de leurs fredaines, intermédiaire discrète et indispensable de leurs rapports avec les demi-mondaines.

On la voyait, le jour, dans le vestibule du club, où elle avait une niche enrubannée, ou dans l'enceinte du pesage; le soir, à l'entrée des petits théâtres et à la porte du café Anglais, toujours en costume de cantinière civile, aux couleurs du gagnant du Derby. Elle faisait partie de la haute vie et semblait inféodée à la galanterie musquée et fashionable.

Pourquoi, un beau matin, les membres de la Société d'encouragement l'ont-ils congédiée sans lui donner de remplaçante? Mystère!... toujours est-il que depuis longtemps le *Jockey* n'a plus de bouquetière, et que la pauvre Isabelle, forcée d'ouvrir boutique dans une des rues qui avoisinent le boulevard, est, actuellement, réduite à une condition assez précaire.

LES COULISSES DE L'OPÉRA

XIV

Les coulisses de l'Opéra. — Le foyer de la danse. — Les habitués des coulisses. — Ludovic Halévy. — Mesdames les mères. — La sortie des artistes. — Un coupé criminel. — Ces demoiselles du corps de ballet.

Dire aujourd'hui que les coulisses de l'Opéra, dans le bon temps de la rue Le Peletier et du couloir bas et étroit qui conduisait au foyer de la danse, avaient la physionomie d'un salon de bonne compagnie et étaient le rendez-vous des hommes les plus élégants de Paris, est s'exposer à passer pour un fumiste qui veut en faire accroire aux jeunes.

Rien n'est plus vrai, pourtant, car les abonnés seuls y avaient accès, s'y étaient installés en souverains maîtres et n'admettaient point la promiscuité avec des intrus. Or les abonnés de cette époque-là c'étaient, pour la plupart, des membres du Jockey-Club, triés sur le volet, formant une coterie rigoureusement fermée, tenant entre leurs mains le sort des artistes et des directeurs, décidant jusqu'à un certain point de leur choix, — surtout en ce qui concernait le ballet, alors beaucoup plus important et plus apprécié que de nos jours, — et les jugeant sans appel.

Tout au plus voyait-on figurer à côté d'eux quelques célébrités artistiques et littéraires, ayant conquis leurs grandes entrées dans le monde fashionable. Encore étaient-elles assez effacées et sans influence sur le caractère à la fois intime et éminemment aristocratique de l'endroit. On y sentait la sélection et le privilège dans toute leur beauté, et chacun de ceux qui s'y trouvaient semblait pénétré de son importance.

Il faut dire que le rattachement des théâtres subventionnés à la Maison de l'Empereur, dont ils faisaient partie, contribuait à maintenir cet état de choses et donnait à l'ensemble je ne sais quel air de grandeur et d'étiquette plein de charme et d'agrément.

Le foyer de la danse, qui n'avait ni les proportions ni le luxe clinquant de l'actuel, qui était même démesurément exigu et bourgeois, se prêtait davantage à la causerie et au *flirt*. Les abonnés y passaient la plus grande partie de la soirée, entourés de ces demoiselles du corps de ballet qui ne se seraient permis sous aucun prétexte de rester dans leurs loges, papotaient, le chapeau à la main, se racontaient les nouvelles du jour, rendaient des décrets sur les modes du lendemain et, corrects, parfumés, tirés à quatre épingles, avec des façons hautaines et irréprochables jusqu'à l'impertinence, adressaient une cour discrète aux étoiles les plus lumineuses.

Coup d'œil d'un brillant, d'un élégant, d'un mouvementé, d'un capiteux, dont rien ne peut donner une idée et qui m'est resté gravé dans la mémoire comme un rêve délicieux...

Éparpillés dans les petits coins, les tout jeunes gens, les néophytes, un peu intimidés par le voisinage et l'assurance des anciens, faisant des agaceries aux *petites*, s'essayant à leur parler d'amour, tâchant de les emmener souper, gaminant, inventant des farces, se livrant, à demi-voix, à des conversations légères, à des rires contenus, qui n'en étaient que plus stimulants, et faisant gaiement leur apprentissage de protecteurs reconnus.

Et puis, dans le corridor, les mères, les excellentes mères, à qui l'entrée du foyer était interdite et qui veillaient, à distance respectueuse, sur leur progéniture, tout en racontant des histoires soporifiques et en s'épanchant, avec une solennelle prolixité, dans le cœur des désœuvrés ou des curieux qui trouvaient bon de les cultiver et de capter leur confiance.

Quelques originaux en faisaient une spécialité et affectaient de préférer leur société à celle de leurs filles. De ce nombre était Ludovic Halévy, habitué très assidu des coulisses, qui ne causait jamais qu'avec les mères. Et, comme on s'étonnait de cette bizarrerie et qu'on lui en demandait le pourquoi :

— Mais je vous assure que je m'amuse beaucoup, disait-il. Je m'instruis, surtout.

Il préparait *Madame Cardinal*, le sournois !

En ce qui me concerne, sans pousser l'abnégation jusqu'à me consacrer exclusivement à ces vieux débris, j'avoue que je m'en approchais, de temps à autre, avec plaisir, et qu'il ne m'était point désagréable, pourvu que cela ne durât pas trop longtemps, de les faire jaser un peu. J'ai cueilli, par-ci par-là, de la sorte, quelques perles rares à collectionner précieusement. Jugez-en plutôt :

Un soir de *Prophète*, pendant que ces trois raseurs d'anabaptistes étaient en train de débiter, sur le ton monotone que vous savez, leur interminable boniment, je m'étais mis à bavarder avec madame B..., qui avait trois filles, — et des plus jolies, — dans le corps de ballet de l'Opéra. Elle en était très fière, comme de juste, et me faisait leur éloge avec un orgueil maternel que je comprenais d'autant mieux que la cadette me donnait furieusement dans l'œil.

— Ah ! je puis bien dire, monsieur, exclame, en manière de péroraison, cette femme de sens pratique, que j'ai de la satisfaction avec mes enfants. Sur mes quatre filles, il n'y en a qu'une qui ait mal tourné.

— Vraiment, madame ! Et qu'a-t-elle donc fait ?

LASSÉNY

— Ne m'en parlez pas... (*Avec un soupir.*) Elle s'est mariée!...

Et je n'en finirais pas si je voulais citer ici toutes les pensées profondes que j'ai saisies au vol dans mes rapides colloques avec *mesdames mères*.

Leur bienveillance n'était, d'ailleurs, nullement à dédaigner pour qui recherchait les bonnes grâces des débutantes. Un tête-à-tête un peu prolongé n'était possible qu'avec leur assentiment ou, tout au moins, leur neutralité.

On les rencontrait, à chaque pas, dans les coulisses, attentives et défiantes, se faufilant en tiers dans les apartés et, ce qui était plus grave, on les retrouvait après le spectacle, à la sortie des artistes, en rangs serrés, se prêtant mutuellement main-forte, guettant leurs tourterelles et s'apprêtant à les soustraire, au besoin, aux entreprises des adorateurs trop impétueux.

Bien curieuse et bien gaie, cette sortie des artistes, par un boyau resserré et enfumé, à peine éclairé, encombré par une foule bruyante, bourdonnante, grouillante de vieilles commères ornées d'un cabas, d'habits noirs et de figurants dépenaillés!...

Il se passait là des scènes épiques, des discussions entre mères et filles, dans lesquelles intervenaient, parfois, de jeunes seigneurs des plus haut cotés, à faire pâmer un président de la Chambre des notaires.

J'ai vu des jouvencelles s'en aller triomphalement au bras d'un adorateur, après avoir parlementé un bon quart d'heure avec m'man. J'en ai vu d'autres s'éclipser subrepticement derrière le dos de leur duègne et la laisser le bec dans l'eau, en proie à une agitation épileptique... D'autres, enfin, filer carrément à son nez et à sa barbe, et recevoir une bordée d'injures à intimider un portefaix...

Et les dessous des liaisons connues, les petites comédies intimes à trois personnages, les révélations savoureuses et inattendues! Cela seul valait la peine d'être vu et observé. J'en ai constaté une série de bien réjouissantes.

Ne serait-ce que le cas de cet élégant sur le retour, très bien posé et très prépondérant dans les coulisses, qui, ayant pour maîtresse en titre une des ballerines les plus affriolantes, croyait de sa dignité de ne pas aller l'attendre à la sortie, comme le commun des mortels, et se contentait de lui envoyer son coupé, pendant qu'il rentrait à pied de son côté.

Grave imprudence, car, pendant des années, son doux objet, qui ne redoutait point la variété, trouva tout naturel de laisser monter dans le susdit coupé tantôt l'un, tantôt l'autre de ses admirateurs éventuels, et de se faire reconduire au pas, d'une façon totalement dépourvue d'austérité. Tout un clan de joyeux viveurs y a passé par ce véhicule historique qui, à la fin, était connu de la crème des jeunes *clubmen* jusque dans ses détails les plus particuliers ! Tous les trois mois, son propriétaire était obligé d'en faire changer les coussins... et, fort surpris de les voir se fatiguer si vite, il s'en prenait à son carrossier, qui n'en pouvait mais, le pauvre homme.

CES DEMOISELLES DU CORPS DE BALLET

Elles étaient, au moins, une vingtaine, plus belles, plus pimpantes, plus gracieuses, plus moulées les unes que les autres.

Sans parler des premières danseuses importées, généralement, de l'étranger, engagées seulement pour une ou plusieurs saisons et ne faisant pas positivement partie du corps de ballet de l'Opéra de Paris, il suffit de rappeler des noms comme ceux de Laure Fonta, Troisvallets, Louise et Eugénie Fiocre, Marquet, Montaubry, Stoïkoff, Schlosser, Mérante, Pauline Mercier, Riquoy, Hérivaux, les deux Brache, les deux Volter, les deux Malot, les deux Parent, etc..., etc..., pour indiquer la composition de cette superbe légion de jeunes et jolies personnes, sur lesquelles toutes les jumelles des abonnés étaient braquées et auxquelles s'adressaient incessamment leurs assiduités.

Impossible de rien imaginer de plus séduisant,

de plus vivant, de plus émoustillant, ensemble et séparément, que ces femmes-là. Indépendamment de leur beauté intrinsèque, elles avaient un cachet professionnel, une originalité de tournure, un art de plaire, une tenue à la fois libre et réservée, provenant de l'habitude de fréquenter les hommes du monde, qui les classaient dans une catégorie à part, et leur donnaient un attrait spécial, difficile à dépeindre.

Nées et élevées dans le sérail, imbues des traditions de la corporation, elles professaient l'amour de leur métier et le respect de l'abonné. Ayant conscience de leur prestige et des obligations qui en dérivaient, elles ne songeaient même pas à choisir un protecteur en dehors de messieurs les habitués.

Et si, d'aventure, leur vertu, au premier appel des sens, venait à succomber incognito dans la bagarre, d'une façon vulgaire et inavouable, cela ne comptait pas. Jamais, au grand jamais, elles n'en faisaient officiellement le sacrifice qu'en faveur d'un cavalier bien posé et ayant ses grandes entrées dans les coulisses.

Aussi descendaient-elles au foyer avec une régularité et une ponctualité rigoureuses, tenant à y arriver en même temps que leur seigneur et maître ou leurs attentifs, et considérant comme un devoir d'en faire les honneurs à *ces messieurs*.

Elles y produisaient leurs costumes nouveaux

avant de paraître devant le public et prenaient, avec déférence, l'avis des pontifes sur l'ajustement de leur toilette et sur l'exécution d'un pas ou d'une pirouette ; causant, tout en faisant des exercices à la barre d'appui, minaudant, coquetant, recevant les hommages du tiers et du quart avec des airs de princesses ; maintenant leur situation présente, préparant adroitement l'avenir, et nuançant toujours leurs amabilités et leurs discours d'après le rang, le relief et l'importance de leur interlocuteur.

L'Opéra était, pour elles, — même pour les plus dissipées et les plus lancées dans la galanterie, — une sorte de temple où elles se figuraient remplir un sacerdoce et où, peu ou prou, elles officiaient avec un sérieux quelquefois bouffon pour qui connaissait le fond du sac.

Mais, étant données les idées qui avaient cours dans le monde viveur et élégant du temps, c'était là une condition indispensable de leur succès : et je dois dire que, malgré tout, ce brin de pose inoffensive et de naïve mise en scène n'avait rien de déplaisant, au contraire.

D'autant plus que, dans la vie ordinaire, une fois hors du théâtre, le naturel revenait au galop et que, souvent, le contraste n'en était que plus amusant. A tel point que d'avoir pour maîtresse une danseuse de l'Opéra passait pour le superlatif de l'épicurisme et du bon genre. N'en avait pas qui voulait ; et, outre qu'il fallait pour cela appartenir à la fleur des pois, on était encore tenu de s'assujettir à mille exigences et considérations. Ces demoise' . étaient le faubourg Saint-Germain, le *grati* du demi-monde.

XV

Messieurs les abonnés. — Le mot de la fin de l'un d'entre eux. — Les loges du Jockey-Club et de l'Union. — Les débuts de Christine Nilsson. — Croquis de quelques pontifes de l'abonnement. — La nuit du coup d'État. — Le clan de la jeunesse dorée. — Enlèvement de deux sœurs. — Siège et capitulation.

Messieurs les abonnés étaient, en fait de spectacle et de galanterie, des spécialistes, considérant l'Opéra comme une succursale du club, lui consacrant assidûment leurs soirées, s'intéressant à tout ce qui s'y passait, connaissant dans les plus infimes détails tout ce qui avait rapport à la direction, surveillant l'organisation et l'exécution du ballet, croyant de très bonne foi que rien n'aurait pu marcher sans eux, n'imaginant pas enfin qu'un homme d'un certain monde pût décemment prendre une maîtresse en titre en dehors de l'honorable corporation des danseuses assermentées de l'Académie impériale de musique et de danse.

Un peu exclusifs naturellement, un peu pontifes, se donnant des airs de connaisseurs, l'étant quelquefois ; attachant une importance capitale à la conservation des traditions, aux particularités techniques, à l'accomplissement des devoirs professionnels de ces demoiselles ; pensant continuellement à toutes ces choses, en parlant sans cesse et finissant par s'identifier si bien à l'existence théâtrale de leurs dulcinées que cela devenait, pour eux, comme une seconde nature.

On racontait, à ce propos, qu'un gentilhomme des plus répandus et des plus connus dans les coulisses, étant à l'agonie, et ne pouvant déjà plus articuler une parole, avait soudain repris un atome de forces et murmuré, comme dans un songe, à la sœur de charité qui le veillait : « N'oublie pas que tu danses ce soir... » Anecdote typique, qui ne surprit personne et qui aurait paru vraisemblable alors même que son authenticité eût pu être contestée.

Les abonnés des loges avaient, en général, la suprématie sur ceux des fauteuils d'orchestre. C'était parmi les premiers que se trouvaient la plupart des protecteurs sérieux des anges du foyer... de la danse, et les habitués influents auprès du directeur.

Neuf loges, ni plus ni moins, étaient à cette époque-là exclusivement occupées par des hommes : huit par des membres du Jockey-Club et une par des membres de l'Union. Les quatre avant-scènes du deuxième rang, trois du rez-de-chaussée et une grande baignoire à gauche, avaient pour titulaires des seigneurs abonnés du *Jockey* et formaient une masse compacte, une sorte de tribune réservée, qui avait un aspect tout spécial, une importance considérable dans la salle et sur la scène, et dont tous ceux qui en faisaient partie étaient connus comme le loup blanc du public ordinaire de l'Opéra. La loge de l'*Union* était au premier rang à droite, seule de son espèce et confondue avec toutes les autres, — habituellement, d'ailleurs, beaucoup moins fréquentée et moins remplie que celles du cercle de la rue Scribe, alors le plus fashionable de Paris.

Il est superflu d'ajouter que ces neuf loges masculines décidaient du succès ou de l'insuccès, non seulement des ballets mais des opéras nouveaux, et tenaient entre leurs mains le sort des débutantes. Je me souviens que Christine Nilsson, qui avait pourtant fait ses preuves au Théâtre-Lyrique, où elle avait eu des triomphes éclatants, lorsqu'elle entra à la rue Le Peletier pour y créer *Hamlet*, redoutait énormément, pour la *première*, le verdict de ces juges sévères et sans appel et qu'elle se préoccupait plus que de tout le reste de s'assurer leur bienveillance. Elle y réussit entièrement, au delà même, peut-être, de ses espérances, et devint, dès son entrée en scène, l'idole des grands dispensateurs de la renommée et de la vogue; ce dont elle se montra très flattée et particulièrement reconnaissante.

Quant aux danseuses, on peut dire qu'elles ne dansaient guère que pour les avant-scènes du club et qu'elles n'attachaient réellement de prix qu'à leurs suffrages, qui, du reste, entraînaient ceux du gros public.

Rien de curieux et d'amusant à observer comme la gravité et l'élégance inexprimables avec lesquelles *ces messieurs* nuançaient leurs applaudissements, les distribuant avec une extrême réserve, méthodiquement, au moment voulu, et les saluts empreints, à la fois, de coquetterie, de déférence et d'aimable familiarité, que ces demoiselles leur adressaient en retour. Elles les traitaient en véritables souverains et n'auraient eu garde de manquer à l'étiquette consacrée en ne commençant et ne finissant pas invariablement leurs remerciements aux spectateurs par une révérence soulignée et absolument distincte à droite et à gauche, très intentionnellement et très visiblement dirigée vers les loges où trônaient les habitués des coulisses.

Elles contenaient la crème du *high life*, la fleur des pois des *clubmen*, ces rangées d'habits noirs qui imposaient à la vile multitude. Plus d'une individualité marquante et plus d'un personnage ayant joué un grand rôle politique y ont figuré. Des hommes distingués dans toutes les branches et ayant parcouru une brillante carrière, il y en avait à foison...

Pendant un temps, un des abonnés les plus assidus à fréquenter les coulisses et à faire sa cour aux étoiles chorégraphiques fut le duc de Morny. Il était lié avec Nestor Roqueplan, un des directeurs qui ont eu le plus de relief et d'autorité, et il faisait, en compagnie de quelques amis, la pluie et le beau temps au foyer de la danse. La nuit du coup d'État, si j'ai bonne mémoire, il y passa la première partie de sa soirée et se rendit ensuite au Jockey-Club, dans le salon du sport, où il resta, sans sourciller, à bavarder et à plaisanter de choses indifférentes, jusqu'à une heure avancée... Le lendemain matin, Paris se réveillait avec un gouvernement tout confectionné, marchant déjà comme sur des roulettes. Heureuse génération!

L'ami et le compagnon de plaisir du duc, — qui n'était alors que comte, — le vicomte P. D....u, réalisait, dans son aristocratique personnalité, le type accompli du viveur de bonne compagnie et du parfait abonné de l'Opéra. Son esprit fin, son irréprochable correction, ses façons exquises, sa naïve et imperturbable fatuité, corrigée par une extrême amabilité et une constante bonhomie, sa fastueuse prodigalité lui avaient valu les bonnes grâces et la haute considération des ballerines grandes et petites. Il daignait laisser descendre sur elles toutes, et indistinctement, sa haute protection, jouissait auprès des *rats* et des marcheuses d'un immense prestige, leur apparaissait comme un astre lumineux tombé d'un nuage, et se promenait dans les coulisses de l'air d'un sultan qui visite son harem.

Il tutoyait, cela va sans dire, tout le menu fretin et prenait, par-ci par-là, le menton aux plus jolies en leur adressant, familièrement et sur un ton distrait, un compliment ou une invite. Si bien qu'il finissait par croire qu'il les avait toutes plus ou moins honorées de ses faveurs :

— Petite, lui arrivait-il de dire souvent négligemment à l'une ou l'autre de ces jeunes beautés qui se prosternait en tremblant devant lui, est-ce que nous n'avons pas déjà... soupé ensemble ? Il me semble bien que oui.

— Mais non, monsieur D....u. Jamais.

— Tu crois ?...

— Mais j'en suis sûre, monsieur D....u.

— Eh bien, ce sera pour un de ces jours...

Et le comte de M...on, ce joueur endurci, ce dissipateur incorrigible, ce coureur de ruelles infatigable jusque dans sa verte vieillesse ! Celui-là était un mélange intéressant de grand seigneur et de bohème, à l'esprit caustique et impertinent, aux manières à la fois superlativement élégantes et étonnamment triviales par instants ; tantôt affable et insinuant, tantôt morose et cassant. Il avait toujours une liaison sérieuse et affichée avec un sujet ou un demi-sujet du corps de ballet, — une, entre autres, fit grand bruit, — et vivait, en dehors des heures, d'ailleurs nombreuses, passées au club, les cartes en main, dans l'atmosphère de popote et de semi-cabotinage des nymphes de l'Opéra et de leurs augustes familles; étant au courant de tous les potins, de toutes les intrigues, de toutes les tempêtes dans un verre d'eau qui surgissaient perpétuellement au milieu de ce petit monde très à part, et ne dédaignant point, à l'occasion, de s'y immiscer, de prendre parti dans un sens ou dans l'autre, d'exercer même une pression pour faire pencher la balance du côté de ses préférences et surtout de ses préférées.

En revanche, le comte d'A...on, un modèle de correction, de bonne tenue et d'affabilité, se tenait assez à l'écart et conservait une attitude de dignité froide qui aurait pu passer pour de l'indifférence si, notoirement, il n'avait été l'amoureux en titre des étoiles les plus en vue. Plusieurs, et des plus haut cotées, eurent successivement la chance de l'atteler à leur char pendant une période assez longue, et sa réputation de galanterie était si bien établie, sa générosité et les agréments de sa personne si indiscutés, ses procédés délicats avec les femmes si appréciés, que la succession de la favorite était briguée longtemps à l'avance et qu'il n'y eut, dans son existence amoureuse, presque jamais d'interrègne.

On le voyait tous les soirs dans sa loge, toujours tiré à quatre épingles, arrivant à l'heure réglementaire, ni trop tôt ni trop tard, puis descendant dans les coulisses au moment psychologique et entrant au foyer, ganté de frais, son chapeau à la main, pour y faire sa cour à son objet et adresser la parole, à tour de rôle, à chacune de ces demoiselles, avec la même gravité, la même réserve et la même distinction, pleine de désinvolture, que s'il eût été dans un salon du faubourg Saint-Germain. Je n'ai jamais rencontré de cavalier plus complet et plus séduisant, d'homme du monde plus achevé, de *clubmen* de relations plus agréables.

Mais l'abonné par excellence, le dilettante le plus passionné, le plus régulier et le plus connaisseur, l'habitué le plus ponctuel de l'avant-scène dont il connaissait à fond tous les détours, c'était M. J. De.....re.

Il avait fait une étude approfondie de toutes les questions se rattachant à l'Opéra et particulièrement à l'art — plus savant et plus compliqué qu'on ne croit — de la danse. Il en savait l'histoire sur le bout du doigt, en possédait toutes les traditions et en aurait remontré sur ce chapitre aux directeurs les plus malins. Aussi fut-il, en quelque sorte, l'éminence grise de tous ceux qui, pendant trente ans, se sont succédé dans ces fonctions et qui n'auraient eu garde de négliger ses avis et ses appréciations, généralement marqués au bon coin, — en quoi ils avaient parfaitement raison.

L'Opéra était le plaisir favori, je dirai presque la passion dominante, de ce délicat et de ce sybarite. Il ne manquait pas une représentation, vivait dans les coulisses comme dans un domaine lui appartenant, appelait tous les machinistes par leur nom, donnait des conseils fort écoutés aux danseuses, faisait les honneurs du foyer aux princes du sang et aux grands personnages étrangers, — non sans une pointe de solennité, — et s'instituait le sévère gardien des règles strictes de l'étiquette, du maintien, des bons principes en matière de chorégraphie et d'ordonnancement des ballets. Son grand chagrin était d'en prévoir la décadence.

C'est assez dire que le beau sexe avait d'autant plus d'attrait pour lui qu'il se présentait sous la forme affriolante et suggestive d'une danseuse de l'école classique et du genre noble, telle que le vieil Opéra les formait. Ses habitudes et ses goûts, assez méthodiques et exclusifs en même temps que d'une suprême élégance, ne lui permettaient guère, au surplus, de se disperser, et je ne crois pas qu'à partir d'un certain âge il ait choisi ses maîtresses ailleurs que dans la pépinière alimentée par les soins pieux de mesdames Cardinal. Il en avait de ravissantes, à commencer par une superbe créature, très admirée, très courue, pas tous les jours commode et qui devait, par la suite, faire un certain tapage dans Landerneau...

Somme toute, un amateur de théâtre très fin, très original et très intéressant que M. J. De...re. Avec cela, charmant causeur, inépuisable conteur, ayant beaucoup vu, beaucoup lu, beaucoup retenu ; la mémoire bondée d'anecdotes et de souvenirs, la conversation émaillée de traits d'esprit. Un spécimen rare de bonne éducation, de courtoisie et d'aimable bienveillance. Ce n'est pas pour dire, mais il n'en pleut pas, à l'heure qu'il est, de cette race-là dans les coulisses furieusement démocratisées, — convenez-en, messieurs, — de l'Académie *nationale* de musique ?...

A côté de ces premiers rôles et marchant sur leurs brisées s'avançait le clan de la jeunesse dorée, des brillants *cocodès*, moins casés, moins sédentaires, moins limités, dans leurs distractions, au seul Opéra, voltigeant de fleur en fleur, faisant une cour acharnée et éphémère à toutes ces demoiselles, et ne s'attardant que par exception à un collage bien senti de quelques mois. Ils étaient là une dizaine, parmi les plus étincelants et les plus recherchés de Paris, qui avaient un entrain endiablé, un toupet d'enfer, un charme réel, et qui profitaient de tous ces avantages pour pratiquer, sans discontinuer, des coupes sombres dans la vertu et la fidélité, plus ou moins sujettes à caution, d'une notable partie des plantureuses almées du ballet subventionné.

Il y avait un joli et fashionable mondain, d'origine étrangère, gai compagnon, pourri de chic, qui était la coqueluche de toutes les femmes et, chose rare en pareil cas, l'ami de tous les hommes.

Il y avait un prince Charmant qui s'arrêtait rarement aux bagatelles de la porte et qui, plus tard, devint un homme politique et un philanthrope présidant à de grandes œuvres de charité ; un gentilhomme de race, très répandu et très goûté dans la coterie la plus *select* et la plus à la mode du vrai monde, rempli d'esprit et du meilleur, et dont les distractions étaient aussi légendaires que le nez, ce qui ne l'empêchait pas, — au contraire, — d'avoir le plus grand succès auprès du beau sexe de tout acabit; un diplomate d'avenir, chaud comme braise, ayant plus d'intelligence et d'entregent que de charme physique, qui fut, après la guerre, ambassadeur auprès d'une très grande puissance européenne; un marin des plus entreprenants et des plus séduisants, dont les bonnes fortunes ne se comptaient pas et qui emportait d'assaut, avec sa verve gouailleuse et son extérieur empoignant, des citadelles réputées inexpugnables; un prince décoratif d'une haute allure et d'une grande originalité; un baron belge, si Parisien, qu'après nos revers il s'est fait naturaliser Français; un officier de cavalerie d'une jolie tournure, d'une incontestable élégance, qui avait une belle fortune, passait pour avoir de l'esprit et effeuillait volontiers la marguerite avec la brune et la blonde partout où il en voyait le joint ; que sais-je encore ?...

C'était, dans cette bande-là, une fête et des parties incessantes, un perpétuel branle-bas. A la sortie des artistes, dans le coin noir du passage, ces sacripants étaient la terreur des mères...

J'ai souvenance qu'un soir, un de mes amis et moi, nous en avions littéralement enlevé deux, — les deux sœurs, — que nous avions emmenées en fiacre, ne sachant où les conduire, à la barrière du Trône. Mon ami courtisait la cadette, qui était encore sage et qui est devenue depuis une célébrité. Elle doit se rappeler cette équipée. Quel voyage mouvementé, grand Dieu !... L'ingénue résistait avec une énergie sauvage aux avances de son séducteur et, lorsque celui-ci, exaspéré, la laissait à ses réflexions en lui disant dédaigneusement : « Ce n'est pas pour ce soir ? Non. Eh bien, je vais te lâcher en plein boulevard », elle fondait en larmes... Ça a duré deux mois, cette cérémonie! Après quoi, comme de juste, la place a capitulé.

Rien n'était comique souvent et rempli d'imprévu comme les aventures que l'on avait avec les débutantes de l'Opéra, non encore stylées. Leurs naïvetés bourgeoises et leurs étonnements de pensionnaires étaient amusants au possible. Je vois encore d'ici une des plus capiteuses, à

peine éclose à la lumière de la rampe, que j'avais invitée, un matin, à déjeuner dans ma garçonnière et qui se retournait cérémonieusement pour remercier le valet de chambre à chaque plat qu'il lui servait. On lui passait de l'entrecôte :
« — Merci monsieur » ; des pommes de terre :
» — Merci, monsieur... » — Et ainsi de suite jusqu'à la fin du repas. Je pensai en mourir de rire et je n'ai jamais pu la rencontrer sans avoir une prodigieuse envie de me tordre. Les camarades, à qui j'avais conté l'histore, l'avaient surnommée : « Merci, monsieur. » Elle a bien fait son chemin depuis, la petite, et je doute qu'elle ait continué à être aussi polie pour les domestiques...

Outre les personnages dont j'ai tracé plus haut la silhouette, on rencontrait encore presque tous les soirs, dans les coulisses, le prince de M...a, aide de camp de l'empereur, membre très actif du Jockey-Club; le comte A de B...is, le comte de P...vès, M. de L. B...ère, M. de P...au, le vicomte H...z-C...ède, M. Ed. A...ré, M. G. d'H...on, le marquis de C...x. M, de Saint-L....er. M. Ch. B... et bien d'autres dont les noms m'échappent en ce moment. La plupart des survivants, parmi ces derniers, continuent à avoir leur loge à l'Opéra et à y aller assez régulièrement; mais ils ne font plus que de rarissimes apparitions au foyer de la danse. Ils s'y sentent par trop dépaysés.

XVI

Portraits à la plume. — Emma Livry. — Laure Fonta. — Léontine Beaugrand. — Carabin. — Stoïkoff. — Morando. — Pauline Mercier. — Sanlaville. — Montaubry. — Mérante. — Schlosser. — Riquoy. — Marconnay.

EMMA LIVRY

Qui s'en souvient, à l'heure actuelle, de cette charmante fille, pleine de grâce et de talent, dont la fin prématurée et extraordinairement tragique fit une profonde impression sur tous les habitués de l'Opéra ?

C'était l'opposé de la danseuse, telle que se la représentent, en général, les profanes et telle que la rêvent les amateurs sensuels de cette catégorie des femmes ; mais, en même temps, c'était l'image de la danse dans tout ce qu'elle a de fin, de souple, d'ondoyant, d'élégant, de délicat, d'aérien et, disons-le, de distingué.

Grande, — trop grande, — d'une maigreur excessive, avec un visage en lame de couteau qu'accentuait un nez des plus proéminents et qu'animaient de très beaux yeux, elle avait une telle légèreté dans les mouvements, une telle désinvolture dans les gestes, un tel charme dans les allures, une telle élasticité dans la taille, une telle coquetterie pudique dans l'expression que, dès qu'elle dansait un pas, on oubliait ses imperfections physiques et on était captivé.

On aurait dit une sylphide apparaissant tout à coup sur la scène et prête à s'envoler dans l'espace au premier souffle. Ajoutez à cela qu'il y avait dans sa vie privée et dans sa situation des côtés particulièrement intéressants, et vous aurez une idée des sympathies dont elle était l'objet de la part du public habituel de l'Opéra.

Mais un beau soir, en pleine jeunesse, la pauvre Emma s'étant trop approchée de la rampe, le feu prit à ses jupons de mousseline et elle mourut quelques jours après, d'une façon touchante et après d'atroces souffrances, des suites de ses blessures... Ce fut un vrai deuil parmi les abonnés.

LAURE FONTA

De son vrai nom, Laure Poinet. Une belle personne, grande, mince, distinguée, au regard doux et modeste, aux cheveux châtains; d'une tournure un peu bourgeoise, d'un aspect un peu froid.

A la ville, simple et réservée, ayant les manières et l'existence d'une femme du monde très pot-au-feu ; vivant maritalement et sagement avec un sympathique gentilhomme qu'elle a entouré de ses soins et de son affection jusqu'à sa mort. Très aimable, très bienveillante, très causante, mettant une certaine affectation à n'avoir que des conversations sérieuses et à se donner un petit vernis inoffensif de bas-bleu artistique.

Au théâtre, fanatique de son art, qu'elle prenait très au sérieux ; danseuse correcte, impeccable, mais peu entraînante, scrupuleuse observatrice des principes et de la tradition, sachant son rôle sur le bout du doigt, le jouant avec talent et précision, excellant dans le genre noble et les variations classiques. Au total, plus de force que de grâce et plus de science que d'inspiration.

Elle se livrait avec acharnement à l'étude des danses anciennes, qui convenaient à merveille à ses goûts et à son tempérament, et était parvenue, à force de travail, à être si ferrée sur la matière, que seule elle était en mesure de danser n'importe quel pas de n'importe quelle époque.

Elle se souvenait, avec une étonnante justesse, de toutes les figures qu'elle avait dansées ou vu danser et cette précieuse qualité lui donna, un jour, l'occasion de rendre un grand service à la direction de l'Opéra.

On allait reprendre *Herculanum*, dont le divertissement avait été créé par elle. Les anciens pas étant perdus comme de coutume, on s'occupait déjà d'en composer de nouveaux, lorsque Laure Fonta s'offrit à régler le ballet tel qu'il était à son origine ; ce qui fut accepté, comme on pense, et parfaitement exécuté.

Je l'ai vue, quelques années après, à une fête organisée par le comte d'O.....d, interprétant les danses du dix-huitième siècle, encadrées dans une petite merveille de pièce du spirituel auteur du *Coucher de la mariée* et des *Hasards de l'escarpolette*, et je dois dire que c'était on ne peut plus réussi.

Aujourd'hui, mademoiselle Fonta, complètement retirée de la scène, partage ses loisirs entre le professorat et la publication d'un grand ouvrage sur la danse.

LÉONTINE BEAUGRAND

Elle n'était pas jolie, tant s'en faut, et, si elle était bien proportionnée dans sa taille au-dessous de la moyenne, ses formes étaient trop grêles et trop anguleuses pour le maillot. Mais quelle agilité, quelles pointes d'acier, quelle aisance, quelle grâce parfaite, et surtout quel rythme irréprochable !

C'est qu'on n'est pas impunément élève de Taglioni, et mademoiselle Beaugrand, formée par la célèbre ballerine, avait merveilleusement profité de ses leçons.

Avec cela, on s'accordait à lui trouver beaucoup d'esprit, un cœur d'or, une nature séduisante, un attrait piquant dans la physionomie. Si bien que, malgré un extérieur relativement ingrat, elle eut des succès autant que les plus belles, attacha à son char des seigneurs dont les hommages étaient des plus recherchés et fit un excellent mariage.

CARABIN

Celle-là, de mon temps, commençait déjà à être dans les anciennes. C'était une belle brune, aux traits accentués, très intelligente, très futée, très répandue et qui, au point de vue de la danse, n'avait rien de remarquable.

Sa spécialité était de donner des soirées, où l'on rencontrait la fleur des pois des demoiselles du corps de ballet et des hommes à la mode de l'époque. Elle recevait merveilleusement et avait un salon superlativement coté dans la crème du demi-monde. Il était de rigueur, pour les débutants de la haute vie, d'y être introduit, et le fréquenter assidûment était un excellent et agréable moyen de cultiver les relations ébauchées dans les coulisses, voire de faire de nouvelles connaissances et de découvrir des beautés inédites.

L'élément masculin des soirées de Carabin était, du reste, d'une rigoureuse sélection.

STOÏKOFF

Surnommée *le Niagara*, devinez pourquoi?... Elle était Russe, du moins elle le disait et on le croyait, n'ayant aucun intérêt à en douter.

En tout cas, elle avait bien le type moscovite, dans sa forme plantureuse et un peu vulgaire; — il y en a une autre qui est tout le contraire.

C'était, à tout prendre, une superbe créature que cette fille du Nord, avec de magnifiques yeux remplis de luxure, une abondante chevelure châtain très foncé, un torse sculptural, une jambe moulée et une physionomie assez flasque et assez insignifiante.

Elle ne brillait ni par l'entrain, ni par l'esprit, ni par le chic; ne dansait ni bien ni mal, plutôt mal que bien, d'un air de souveraine indifférence, et ressemblait à une odalisque du sultan de Zanzibar.

Malgré cela, ou peut-être à cause de cela, elle triomphait, sur toute la ligne, dans le clan des abonnés de haute volée. Elle fit des conquêtes éclatantes et eut des liaisons très honorables qui durèrent même fort longtemps. Sans compter les escapades accessoires, que les petites camarades comparaient méchamment, et sans doute injustement, aux étoiles du firmament.

Signes particuliers: Stoïkoff s'était cassé la jambe en tombant tout de son long je ne sais où, et n'avait pas, pour cela, interrompu trop longtemps le cours de ses exploits. Elle aimait bien sa mère et ne la quittait jamais... jamais. Impossible d'aller la voir sans passer par un entretien avec cette inséparable et peu attrayante compagne.

MORANDO

Une Italienne pur sang, brune aile de corbeau, jolie, bien campée, appétissante; mais un peu monotone et abusant de la peinture.

Prodigieusement sentimentale, romanesque comme toutes celles de sa race, s'attachant comme le lierre, très popotte, très tranquille, très douce. A fini par se marier, dans son pays natal, selon son cœur.

PAULINE MERCIER

Blonde, boulotte, solidement bâtie, jolie comme un cœur, avec un visage souriant et bon enfant qui semblait dire qu'elle n'avait rien à refuser à ses amis.

Elle était pleine d'animation et de gaieté, ne dansait pas plus mal qu'une autre et savait mieux que beaucoup d'autres se faire aimer. Un des princes de l'abonnement et des coulisses, celui peut-être qui avait aux yeux de ces demoiselles le plus grand prestige et dont j'ai déjà eu occasion de parler, l'honora, pendant plusieurs années, de sa bienveillance particulière et lui donna beaucoup de relief.

Je la vois encore, dans *le Marché des Innocents*, — un ballet incomparable, — au milieu de l'escadron étincelant des plus ravissantes créatures qu'il soit possible d'imaginer, je la vois encore se trémoussant, riant toujours, échangeant des œillades avec les avant-scènes et éclairant de sa figure épanouie et singulièrement espiègle toute la salle.

SANLAVILLE

Pas une tête classique assurément, mais un corps, mais une tournure, mais une démarche adorables et la plus belle paire de jambes qu'il m'ait jamais été donné de contempler.

Elle dansait fort convenablement, sans prétention et sans brio, faisait volontiers des frais pour les habitués, avait un caractère d'ange et était énormément courtisée par les plus brillants cavaliers de la jeune bande, pour lesquels elle manifestait une prédilection marquée et dont quelques-uns passaient pour abuser, parfois, de ses bonnes dispositions à leur endroit.

A un moment donné, Sanlaville devint une piocheuse, s'éprit sérieusement de son métier et fut, de sa génération, celle qui resta le plus longtemps à l'Opéra, où elle occupe encore, je crois, un emploi assez important.

Admirablement conservée, toujours agile et bien faite, elle s'était attachée, dans ces dernières années, à un gentilhomme-artiste bien connu, à qui elle prodiguait l'affection la plus tendre, la plus dévouée, la plus désintéressée, et qui est mort chez elle subitement, au moment où l'on s'y attendait le moins... On assure qu'elle en est inconsolable.

MONTAUBRY

Tout simplement une des plus belles personnes, et des plus complètes, et des plus indiscutables, de la tête aux pieds, qui aient jamais paru sur les planches d'un théâtre.

Rousse comme la Vénus antique, les traits fins et réguliers, le nez droit, la bouche petite, la nuque bien dégagée, le teint éclatant de blancheur, elle avait un torse étonnant de modelage et de capiteuse harmonie, des jambes à faire rêver, depuis la hanche jusqu'à l'orteil, et tout le reste à l'avenant. La beauté plastique dans toute sa perfection, beauté un peu froide peut-être, froide comme sa danse, dont elle paraissait, du reste, médiocrement se soucier, comme son abord, qui cachait pourtant une grande bonté, une extrême courtoisie et, sous une apparente frivolité, un fond très sérieux.

Avec ses formes sculpturales et sa cambrure unique, elle brillait surtout dans les rôles travestis. Je ne crois pas que jamais, ni avant ni après elle, personne ait porté d'une façon aussi délicieuse le costume de ligueur dans le ballet des *Huguenots*.

J'ai gardé le souvenir d'une soirée où, au foyer de la danse, avant d'entrer en scène, elle m'avait prié de lui rattacher une courroie de sa cuirasse qui s'était défaite. J'en avais la chair de poule...

On savait, généralement, peu de chose de la vie privée de Montaubry. Sans être poseuse ni pimbêche, elle n'aimait point à faire parler d'elle et mettait un certain soin à ne pas donner prise aux potins de coulisses. Il était clair qu'elle devait avoir, en dehors du tourbillon de l'existence à grandes guides, des chaînes solidement rivées. Sapristi, comme je comprends qu'après l'avoir enchaînée, on n'éprouvât pas le besoin de lui donner la clef des champs!...

Depuis plusieurs années déjà, elle a disparu du corps de ballet de l'Opéra, au grand désespoir des quelques fidèles de l'ancien temps. Je l'ai rencontrée naguère dans un pensionnat des environs de Paris, très simplement vêtue, apportant, dans un sac à ouvrage, comme une bonne petite bourgeoise, des friandises à un gentil gamin, qui l'embrassait à bouche que veux-tu; — toujours belle et séduisante, ma foi ; la taille seule avait légèrement épaissi.

MÉRANTE

Enfant de l'Opéra, fille du maître de ballet dont le nom est resté attaché à une série de créations chorégraphiques du répertoire, et une fort jolie personne, par-dessus le marché.

Elle avait du talent, de la grâce, du maintien, une façon très chaste de danser et une charmante tournure. Son seul défaut, défaut capital et dont elle n'a jamais pu se corriger, était d'avoir les genoux légèrement en dedans, à ce que prétendaient les purs. J'avoue que, si on ne me l'avait pas dit, je ne m'en serais point aperçu.

SCHLOSSER

La volupté et la sensualité incarnées. Avec une tête blonde idéale, des yeux d'une éloquence troublante, une bouche respirant la luxure et appelant le baiser, le corps le plus délicieux, le plus diaboliquement excitant des cinq parties du monde. Oh ! la belle et empoignante créature !...

Trop empoignante peut-être, car on lui demandait beaucoup et elle ne savait pas refuser grand'chose de ce qu'on lui demandait... Elle se laissait volontiers aller à l'impression du moment et ne ménageait ni ses forces ni sa santé, aimant le plaisir pour le plaisir, faisant la fête sans arrêter et s'inquiétant fort peu du lendemain : une Manon Lescaut dont tous les des Grieux n'étaient pas chevaliers, tant s'en fallait...

Aussi fut-elle fanée, vieillie, détruite avant le temps ; puis, tout à coup, gravement malade. Elle dut se retirer dans un petit *cottage* de Nogent, où allaient la visiter quelques fidèles, parmi lesquels le plus assidu était un célèbre vicomte, son ancien amant ; elle y mourut peu après la guerre, dans une médiocrité voisine de la misère.

RIQUOY

Plus tard, elle s'est appelée Righetti, trouvant le nom de Riquoy trop prosaïque. Mais, à l'époque dont je parle, elle ne songeait nullement à donner le change sur sa nationalité et se contentait de la désinence française de son nom, qui ne l'empêchait aucunement, d'ailleurs, d'avoir le plus grand succès.

Elle en avait d'autant plus, d'un certain genre et auprès de certaines personnes, qu'elle réalisait le type complet de la Parisienne. Un joli petit nez retroussé, une figure chiffonnée et friponne, un galbe élégant et plein de chic, une taille élancée, des jambes dont le modelé, les proportions, le fini, la forme à la fois déliée et opulente étaient passés en proverbe ; tout cela faisait d'Edile Riquoy une femme séduisante et une danseuse très agréable à lorgner.

Dans les coulisses, elle comptait parmi les plus entourées les plus courtisées, mais passait auprès des abonnés pour être un brin prétentieuse et guindée.

A la ville, elle était très élégante, infiniment plus que ses camarades, en général, et affectait de faire bande à part, d'avoir une personnalité distincte de sa profession, qu'elle semblait regarder comme très au-dessous de son mérite et de son charme.

Somme toute, une bonne personne, très aimable, très désirable, et une danseuse sans feu sacré, plus attrayante au repos qu'en mouvement.

MARCONNAY

Nous l'appelions *fleur de distinction*, à cause de ses manières aristocratiques, de son cachet de petite marquise, de ses allures réservées ; comme si elle pressentait les hautes destinées auxquelles elle était appelée !...

Plus jolie, plus fine, plus distinguée, plus charmeuse qu'elle, on ne pouvait pas l'être, à coup sûr. Mais, quoiqu'elle ne manquât pas précisément de talent, rien ne lui convenait moins que les pirouettes et l'attitude d'une ballerine. La couronne fermée lui sied infiniment mieux.

XVII

Eugénie Fiocre. — Opulence et littérature. — Louise Fiocre — Les trois Mousquetaires. — Marquet. — Un incident au bal de l'Opéra. — Hérivaux. — Un dîner champêtre à Fontainebleau. — Le mot de la fin. — Troisvallets. — Francine Cellier. — Pillevois. — Histoire d'un ministre et d'une ingénue.

EUGÉNIE FIOCRE

La cadette des deux sœurs et la moins régulière de traits, mais la plus séduisante, la plus remarquée, la plus connue, la plus élégante et celle qui a parcouru la plus brillante carrière.

Rien de classique dans les lignes du visage, tant s'en faut : un minois de grisette, un nez en trompette, dont les narines ouvertes regardent les nues, de jolis yeux doux et fripons tout ensemble et une petite tête courte et ronde, qui, si elle n'est point dépourvue de race, manque totalement de majesté. Mais, avec cela, quelle tournure ! quel chic, quelle prestance, quel corps admirable, quelle finesse d'attaches, quel ravissant ensemble, quelle femme profondément excitante et suggestive, comme on dirait de nos jours ! quel type incomparable de danseuse, à la science près !...

Ce qu'elle a fait tourner de têtes, jeunes et vieilles ; ce qu'elle a eu d'abonnés à ses pieds, de beaux messieurs qui ont fait, ou voulu faire, des folies pour elle, est phénoménal. Personne ne s'inquiétait de savoir si elle dansait bien ou mal ; on la regardait, c'était assez ; on admirait jusqu'au petit mouvement de bélier embarrassé dans des broussailles, — rien moins qu'artistique, pourtant, — qui accompagnait automatiquement chacune de ses cabrioles et on en aurait voulu au directeur assez mal avisé pour ne pas la mettre en relief. C'est pourquoi elle eut très vite des rôles en évidence et finit par en remplir de relativement très importants.

A ses débuts, Eugénie Fiocre, d'une nature très fine, très primesautière, assez sentimentale aussi et d'une distinction innée dans les sentiments et les goûts, se laissa tout simplement guider par sa fantaisie et sacrifia moins qu'aucune de ses camarades à la froide raison et au calcul. Pleine de jeunesse et de gaîté, elle s'amusait à la bonne franquette avec une aimable insouciance, tout en ayant de la tenue et en ne donnant point dans les plaisirs bruyants.

Puis, à un certain moment de son existence,

remarquée et protégée par un nabab de la haute finance, qui passait jusque-là pour n'être que médiocrement accessible aux entraînements romanesques, elle devint tout à coup extraordinairement sérieuse, quelque peu maniérée et énormément riche. Le côté précieux et réservé de son individualité prit le dessus; elle s'isola, ne parla plus à personne, affecta de ne plus se mêler, dans les coulisses, aux vulgaires ballerines et posa pour la grande artiste. On ne l'apercevait plus que de loin en loin, toujours à l'écart, un livre d'histoire ou de philosophie à la main, paraissant absorbée dans une profonde méditation... En maillot couleur chair et en tenue de danse, ça ne manquait pas d'originalité !

On la vit de moins en moins. Enfin, plus du tout, et on apprit un jour qu'elle avait acheté une terre en province et qu'elle l'habitait la plus grande partie de l'année. Il ne lui restait plus qu'à se marier : elle se maria... Aujourd'hui, elle a repris son indépendance et, les soirs d'hiver, elle vient assidûment à l'Opéra où, du fond d'une baignoire, toujours encombrée de visiteurs, elle peut constater, avec un légitime orgueil, que les nouvelles couches auront du mal à la faire oublier.

LOUISE FIOCRE

Sœur aînée d'Eugénie et tout l'opposé de celle-ci au physique et au moral. La plus jolie tête du monde, la plus régulière, la plus délicate, la plus suave sur un petit corps trapu, de formes luxuriantes, moulées et appétissantes, mais trop court, trop charnu et un peu trop bâti en Hercule. Son mollet, du plus pur modelé dans son raccourci, était d'une grosseur exceptionnelle; son teint, d'une blancheur et d'un éclat éblouissants; son regard, d'une indescriptible douceur comme, du reste, son caractère.

Pas la moindre velléité aristocratique; pas d'aspirations au luxe et à l'élégance; pas de raffinement dans l'imagination. Un cœur aimant et naïf, dont elle était parfois victime; des goûts modestes et terre à terre; une insouciance à toute épreuve et une sorte de passivité nonchalante dans l'organisme, qui n'excluait ni le sentiment, ni la passion. Au total, une charmante fille, réjouie, aimable, facile à vivre, s'amusant de tout, se contentant de tout, ne posant pour rien et se faisant adorer de tous ceux qui l'approchaient.

J'ai connu le temps où elle était serrée de près par trois jeunes *cocodès* des plus en évidence, qui la courtisaient avec acharnement et qui, tous trois d'une jalousie féroce, se cachaient les uns des autres au moyen de ruses, percées à jour, d'une drôlerie sans pareille. Sa grande préoccupation à elle était alors de ne leur faire de peine ni aux uns ni aux autres. Elle y réussit si complètement que tout se termina en gaieté et que les rivaux se mirent d'accord, un beau jour, pour déserter simultanément le champ de bataille. Les détails de l'histoire seraient curieux à raconter; mais je me suis promis d'être discret...

Née pour être bourgeoisement honnête, dans un intérieur paisible, Louise Fiocre devait fatalement finir par verser dans le *conjungo*. Elle s'éprit sérieusement d'un jeune ténor de son théâtre, d'un extérieur fort agréable et d'un talent au-dessus de la moyenne, l'épousa et ne reparut plus sur les planches.

MARQUET

On l'appelait communément *la grande Marquet*; et jamais qualificatif ne fut plus à sa place que celui dont les abonnés avaient coutume de faire précéder son nom.

Deux centimètres de moins, et cette femme gigantesque eût été parfaitement belle. Malgré tout, elle était attrayante, imposante surtout et d'un galbe qui sortait de l'ordinaire, qui forçait l'attention, qui faisait impression. Il faut dire qu'en dépit de sa taille de tambour-major, elle était admirablement proportionnée, faite à ravir, avec un beau visage, manquant toutefois d'animation. Impossible de la voir sans être captivé par la ligne, par l'opulence et la rare perfection des formes ; on oubliait presque ses dimensions peu féminines ; on la contemplait comme un beau monument. Mais on n'avait que médiocrement envie de lui faire des chatteries ; on se sentait écrasé ; on avait peur... on éprouvait la sensation du magnétisme libidineux qui vous laisse un fond de rancune et de méchanceté, en même temps qu'il vous fait courir par tous les membres un étrange frisson de volupté.

Personne, cependant, n'avait la réputation d'être plus calme, plus foncièrement bonne, plus agréable compagne que Marquet. Seulement, chose bizarre pour une grande femme, elle avait, par instants et soudainement, des emportements passagers d'une extrême violence et, disait-on, la main très leste... Tout ce que je sais c'est que je l'ai vue, une nuit, au bal de l'Opéra, administrer une maîtresse gifle à son amoureux qui, d'ailleurs, ne l'avait pas volée.

Le physique de Marquet l'avait cantonnée de très bonne heure dans les rôles masculins, qui lui seyaient merveilleusement ; en costume de toréador, par exemple, elle était vraiment superbe. Les dernières années, elle ne dansait plus du tout et se bornait à occuper, dans les grands ballets, les emplois où il n'y avait qu'à mimer. Elle y était encore très admirée et, par son apparence, par sa façon magistrale de porter la toilette, leur donnait une importance que d'habitude ils n'ont pas.

HÉRIVAUX

D'une noble race de courtisanes de la grande école, dont l'ainée était l'inoubliable Esther Duparc, avec laquelle elle avait une lointaine ressemblance.

Grande, svelte, distinguée ; un profil ravissant, des cheveux châtains et des yeux légèrement de travers, ce qui donnait à sa physionomie une expression bizarre mais pleine d'attrait et d'originalité.

Sa taille était superbe, ses hanches dignes d'une Andalouse, ses jambes d'un modèle unique et son pied d'une petitesse qui eût été ridicule sans une netteté et une perfection de contours qui en faisaient un véritable objet d'art.

Hérivaux était un type resté légendaire à l'Opéra. Très libre dans ses allures, point bégueule, forte en gueule, comme madame Angot, elle pimentait son incontestable beauté et son charme plastique d'un esprit endiablé et d'une forte dose d'excentricité. Elle aimait les beaux hommes et ne s'en cachait point ; et, si elle ne détestait pas absolument les civils, elle adorait les militaires ; à la condition, toutefois, qu'ils ne fussent ni des gringalets ni des imbéciles, deux catégories de mâles qu'elle enveloppait d'un égal mépris.

Son vocabulaire était d'un imagé et, parfois, d'un naturalisme inimitables. Pour la verve et les réparties, elle aurait rendu des points à un gamin de Paris. Rien ni personne ne l'intimidait. Elle disait leur fait aux uns et aux autres, adorateurs musqués et gens de théâtre, avec un incroyable sans-gêne, et le nombre d'amendes qu'elle a encourues, pour contraventions aux règlements, et pour avoir vertement envoyé promener le régisseur, est incalculable...

Le mouvement perpétuel, au demeurant; toujours en l'air et en agitation, distribuant des malices et des horions à droite et à gauche, même au milieu des épanchements les plus intimes; incorrigible rieuse, rigoleuse impénitente, attachant par son naturel, par son caractère enjoué, par sa grâce féline, par le capiteux et le sensuel qui se dégageait de sa personne quand elle le voulait, et énervant par la manie du bruit, par la rage de la gambade et du trémoussement fébrile.

Où elle était dans son élément, où elle se gaudissait comme le poisson dans l'eau et brillait d'un très vif éclat, c'était en nombreuse compagnie, dans les réunions d'hommes où elle donnait un libre cours à ses saillies et se laissait aller, sans façon, à tout l'imprévu et à tout le brio de son tempérament. Aucune femme, à mon avis, parmi celles que j'ai connues, n'était, en pareil cas, plus amusante, plus entraînante, plus agréable.

Je me souviens d'un certain dîner donné à Fontainebleau, dans un jardin, sous une tente, par mon meilleur ami, à la crème du Jockey-Club, le jour de l'ouverture des courses, et où la belle Hérivaux, seule de son sexe, au milieu de trente cavaliers fort délurés et assez intimidants, leur tint tête à tous, prenant le dé de la conversation, apostrophant de la façon la plus comique ceux qu'elle ne connaissait pas, blaguant le tiers et le quart. Elle y fut étourdissante.

A la fin, du premier jusqu'au dernier, ils étaient hypnotisés, émoustillés et plus ou moins coiffés de cette jolie torpille en chair et en os. C'est qu'elle avait du chien, la mâtine ! Et du fluide !... et du montant !... et de *l'initiative !*... Après trente ans qui ont passé par là-dessus, je ne puis y penser sans un petit frémissement de luxure.

Je l'ai rencontrée l'an dernier, encore jolie, Dieu me pardonne, bien que démesurément engraissée et arrondie. Et savez-vous ce qu'elle m'a dit, cette gouailleuse impitoyable ?

— Mon cher, j'hésitais à vous reconnaître. Je ne vous trouvais pas... assez décati. Car, entre nous, tous ceux de notre époque... ce sont des ruines qu'il faudrait raser, comme celles des Tuileries, pour l'embellissement de Paris.

TROISVALLETS

Une jolie brune, au teint mat, à l'épaisse crinière, qui, avec Simon, Rousseau et Thibert, formait un quatuor des plus réussis.

Sur le même plan, il faut placer Anna Rust, un petit phénomène, très bonne musicienne et d'une vertu si farouche, que « les machinistes eux-mêmes se montraient polis envers elle ».

FRANCINE CELLIER

Trop *comme il faut* pour faire des ronds de jambes en jupe courte et pour porter le prosaïque chausson ; elle rêvait déjà, cette aimable Francine, de jouer la comédie et de briller dans un cadre moins indigne de son rang. En attendant, elle cultivait modestement l'amitié d'un très grand et très puissant baron et écrivait des lettres fort spirituelles aux journaux pour s'excuser d'être expropriée tous les six mois. Finalement, elle entra au Gymnase où, le soir de son début, le quatrain suivant courait dans la salle :

> Du premier rang au dernier
> De l'orchestre, on se démène
> Pour voir l'effet que Cellier
> De plus *près fait de la scène.*

PILLEVOIS

Le marquis de M... assurait qu'elle prenait Pic de la Mirandole pour une montagne de Suisse, l'Édit de Nantes pour une grande dame anglaise, et que, à quelqu'un qui lui parlait de Garibaldi, elle avait répondu :

— Est-ce qu'il est du Jockey, ce monsieur ?

Les bonnes petites camarades lui mettaient volontiers sur le dos toutes les naïvetés et toutes les histoires invraisemblables en circulation.

Il y en avait une, entre autres, d'une nature un peu scabreuse, que l'on se chuchotait à l'oreille et qu'on lui attribuait, je crois, très gratuitement.

On racontait qu'à l'origine de sa carrière, s'étant fourvoyée chez un ministre, qui l'avait attirée dans son cabinet sous le fallacieux prétexte de je ne sais plus quelle faveur à accorder à un membre de sa famille, et se défendant à outrance contre les entreprises amoureuses de l'Excellence, devenue tout à coup très audacieuse, elle s'était trouvée acculée contre le bureau et avait mis en branle, avec... le prolongement de son échine, tout le clavier électrique, au grand complet, qui correspondait avec les différents services du ministère... Aussitôt, par quatre portes placées aux quatre coins de la pièce, entraient gravement quatre chefs de division... Tableau !... Terrifiée, ne comprenant rien à ce qui se passait, l'ingénue crut qu'il s'agissait d'un enlèvement ; elle eut une peur atroce, prit ses jambes à son cou et s'enfuit sans crier gare, laissant le ministre se débrouiller avec ses subordonnés...

XVIII

Laurent. — Lise Parent. — Adèle Parent. — Un déjeuner au ministère d'Etat. — Malot. — Amour et revolver. — Coffres-forts trop bien fermés. — Villeroy. — Blanche Alexandre. — Coralie et Malvina Brache. — Aventure de cinq vierges et d'un break de régiment. — Les Volter. — Pilatte, Baratte, Lamy. — Ce que sont devenues toutes ces étoiles. — Plus de fermiers généraux.

LAURENT

Châtain foncé, de beaux yeux, de jolis traits, bien faite, séduisante et bonne enfant ; dansant bien, mimant avec un certain talent, mais ayant un je ne sais quoi de terne et d'effacé qui l'empêcha toujours d'atteindre la vogue qu'elle eût méritée. Elle ne savait pas se faire valoir et, pour l'apprécier, il fallait être un fureteur, un connaisseur, approfondissant les choses et ne s'arrêtant pas à la surface.

Ses rivales l'accusaient de cabotiner et de manifester des goûts peu relevés ; ce qui ne l'empéchait pas d'avoir, dans le high-life le plus *select*, des admirateurs enthousiastes et des amis dévoués.

LISE PARENT

Un des piliers du corps de ballet. Pilier est le mot, car elle avait une paire de jambes, fort belles et fort bien faites, du reste, bâties à chaux et à sable et dont le haut surtout présentait un développement et une consistance absolument remarquables.

Très grande, très élancée, malgré les dimensions plus que plantureuses de... son assiette et du prolongement d'icelle, elle avait une toute petite tête aux cheveux châtains, au nez en bec de corbin, se rapprochant avec complaisance d'un menton pointu ; ce qui lui donnait un peu la physionomie d'une perruche.

Tout compte fait, une très belle personne, très décorative, très désirable, dansant avec entrain et avec art, si ce n'est avec énormément de grâce, particulièrement les pas de caractère. Le *boléro* était son fort. Elle avait une *branche* énorme et occupait, en somme, une place prépondérante sur la scène, où elle était très remarquée par les habitués, que son absence eût déconcertés. Aussi se montrait-elle des plus assidues à toutes les représentations ; pas de divertissement où elle ne fût plus ou moins en évidence.

Au foyer, toujours la première arrivée, elle avait un cercle de brillants abonnés, qui l'entouraient, la courtisaient, lui faisaient cortège et avec lesquels elle ne se privait nullement d'un *flirt* bien senti, quand le cœur lui en disait. Elle formait un centre autour duquel on se groupait, et comptait au premier rang de celles que les pontifes des coulisses honoraient de leur bienveillance et de leurs attentions toutes spéciales. Il n'en était pas un, parmi les influents, ou seulement parmi les bien posés, avec qui elle ne fût en relations et qui ne vînt, dans le courant de la soirée, papillonner autour d'elle.

Très affable, très abordable, très accommodante, n'exigeant pas l'impossible et ne tenant pas outre mesure à la profondeur et à la constance des sentiments, pourvu qu'ils fussent sincères et agréables, elle avait beaucoup d'amis et ne se brouillait avec aucun. A son départ de l'Opéra, qui n'eut lieu que plusieurs années après la guerre, on lui confia une classe, à la tête de laquelle, à ce que je crois, elle est encore à l'heure qu'il est.

ADÈLE PARENT

Sœur cadette de Lise et plus réellement jolie qu'elle, à ne prendre que les traits du visage. Mais moins belle comme ensemble, ayant moins de race, de montant, et produisant, à première vue, moins d'effet.

Complète, dans son genre, néanmoins, séduisante, courtisée, dansant bien, ayant attiré, dès ses débuts, l'attention de la fine fleur des *clubmen* et, malgré tout, n'étant pas très en évidence. J'ai eu la bonne fortune de la connaître toute jeune et de déjeuner, dans ce temps-là, en sa compagnie, au... ministère d'Etat (c'est comme j'ai l'honneur de vous le dire!), où elle m'est apparue, pour la première fois, sous les traits d'une ingénue d'une timidité réjouissante. Je me suis laissé dire qu'elle s'était rattrapée depuis...

MALOT

Le plus beau brin de fille qu'il soit possible de rêver. Jolie à croquer, ni grande ni petite, — de la taille voulue, — ni trop grasse ni trop maigre, avec une ravissante tournure, un regard expressif à déniaiser Chérubin lui-même ; un esprit vif, original et amusant ; un entrain de tous les diables, une prodigieuse envie de s'amuser et un mépris très caractérisé de la pruderie et des préjugés.

C'était plus qu'il n'en fallait pour en faire la coqueluche des hommes à la mode. Jeunes et vieux briguaient ses sourires, et il faut lui rendre cette justice que, si elle ne les refusait pas toujours aux seconds, elle préférait de beaucoup les accorder aux premiers.

Constante et capricieuse, tout à la fois, elle eut des liaisons sérieuses et durables, sillonnées de nombreuses bourrasques et, si l'on en croit la chronique, quelques toquades ne manquant ni d'imprévu ni de charme... A tort ou à raison, on racontait sur son compte une foule de petites histoires assez pimentées, et ses faits et gestes, — vrais ou supposés, — défrayaient souvent les potins de la coterie superlativement élégante qui donnait le ton aux coulisses de l'Opéra.

Point de malveillance, du reste, à son endroit. Toute la jeunesse l'adorait. On lui savait gré de ne pas poser, quoique jolie et très courue, et on appréciait son bon caractère, empreint d'une camaraderie câline et d'un aimable sans-façon.

Qu'est-ce qui a pris à cet amour de femme, faite pour l'indépendance et le théâtre, de vouloir à son tour tâter du mariage?... C'est difficile à démêler. Toujours est-il qu'un beau jour, sans que rien l'eût préparée à ce genre d'exercice, elle épousa, en *justes noces*, un ingénieur et que, de cette union, il est résulté un drame à coups de revolver, sur les marches de la Bourse, qui a fait grand bruit à son heure. Dans ces dernières années, elle a vécu avec un industriel, inventeur d'un système de fermeture de coffres, qui, à ce qu'on assure, a négligé de faire fortune. Il avait trouvé le moyen de fermer les caisses, pas celui de les ouvrir à son profit...

Malot avait une sœur, qui répondait au pittoresque sobriquet de Zaza, ballerine aussi et moins bien qu'elle à tous égards ; plus frêle, plus petite, plus obscure, gentille, cependant, que j'ai perdue de vue depuis douze ou quinze ans et que l'on m'a assuré être passée de vie à trépas.

VILLEROY

Une superbe blonde, avec de grands yeux bleus énamourés et rêveurs; une des perles du corps de ballet.

Je ne sais si elle descendait, en ligne directe, du maréchal de Villeroy. Ce qui est certain, c'est qu'elle avait droit à la particule, en dépit d'une maman à lunettes, à cabas et à châle fatigué, qui représentait le type complet de madame Cardinal : — Halévy a dû s'en inspirer.

Dans tout l'éclat de sa jeunesse et de son succès, Louise Villeroy eut l'heureuse chance d'inspirer un attachement sérieux à l'un des plus célèbres et des plus opulents financiers de l'époque. Il lui fit une situation des plus brillantes et l'installa dans très joli petit hôtel de la rue de Prony, dont l'ameublement, plus coquet encore que somptueux, et les objets d'art répandus à profusion, révélaient le goût exquis de son généreux ami.

Après la mort de celui-ci, libre et riche, elle fit un excellent mariage, convenable sous tous les rapports, en épousant un légiste étranger qui, de son côté, lui a apporté de beaux revenus. C'est ce qui s'appelle être née sous une bonne étoile !

BLANCHE ALEXANDRE

Grande, belle, bonne, intelligente ; des yeux splendides, des cheveux châtain clair, un port de duchesse ; appartenant à une famille aisée de la petite bourgeoisie.

A peine au sortir de l'adolescence, elle eut un succès fou auprès de la jeunesse dorée et ne tarda pas à s'emparer du cœur du fils d'un haut baron de la finance bien connu, aimable et sympathique *gentleman*, très lancé et très goûté dans le monde fashionable, à qui elle consacra, dès lors, son existence, au grand désappointement de ses innombrables adorateurs.

De cette liaison, exceptionnellement heureuse et sans nuages, naquit une fille dûment reconnue par son père, dont la séduisante ballerine, qui fut jadis Blanche Alexandre, porte aujourd'hui très dignement le nom.

Très entendue en affaires, elle a pressenti en temps opportun l'avenir des terrains de la plaine Monceau et a su réaliser une belle fortune, dont fait partie un délicieux petit hôtel qu'elle a fait construire aux alentours du parc

Monceau, — non loin de son ancienne camarade Villeroy, — et qu'elle habite depuis plusieurs années.

CORALIE BRACHE

La benjamine d'une tribu sémite des plus curieuses et des plus intéressantes.

Adorablement jolie, bien qu'un peu trop petite, fine, modelée, grassouillette, la peau d'une blancheur de lait, le teint d'une fraîcheur admirable, la chevelure d'une abondance et d'une sève inouïes ; respirant la jeunesse et la santé, gamine comme on ne l'est pas ; plaisante, ragoûtante autant qu'on peut l'être.

Enfant de la balle, élevée à l'Opéra, elle y était comme chez elle, familière avec tous les habitués, qui l'avaient vu grandir et se former, dansait fort agréablement et n'aurait eu qu'à jeter le mouchoir aux plus huppés pour qu'ils s'empressassent de le ramasser.

Mais longtemps d'une sagesse inquiétante, décidée à ne pas disperser son capital à tous les vents des amourettes d'occasion, elle n'eut guère que des triomphes platoniques et ne quitta officiellement le célibat que le jour où elle rencontra, subjugua et enchaîna pour de bon un riche seigneur de sa race, fils aîné d'un ministre fameux, qui, tout de suite, lui donna un hôtel (aux environs de la place Malhesherbes), des équipages, des bijoux, des rentes sur l'État, lui fit abandonner le théâtre et ne la quitta plus jusqu'à sa mort.

Emportée elle-même, dans toute la force de l'âge, il y a, si je ne me trompe, tout au plus deux ou trois ans, elle a laissé à sa fille, très bien mariée, un respectable magot...

Des trois sœurs de Coralie Brache, il en est une, Malvina, très jolie, très séduisante, très bien douée également, qui, après avoir débuté comme danseuse à l'Opéra, où elle n'avait fait que passer, était devenue comédienne d'un certain mérite.

Spirituelle, originale, aimable, causante et extraordinairement capiteuse à ses heures, elle faisait beaucoup de conquêtes et s'arrêtait presque toujours, avec un rare discernement à celles qui présentaient plus d'avantages réunis, mêlant l'utile à l'agréable et n'ayant que des amoureux de choix. Tant et si bien, qu'après se l'être coulée assez douce, elle s'est fait une position des plus enviables.

En dernier lieu, elle nous a révélé un talent pour la sculpture que nous ne lui connaissions point et qui est loin d'être ordinaire. Quelques-unes de ses œuvres ont une réelle valeur artistique et un charme incontestable. La preuve en est qu'elle a reçu tout récemment les palmes académiques...

Quels gais souvenirs elles me rappellent, ces

deux sœurs! Pendant tout un été, celui de 186..., elles venaient chaque dimanche à Fontainebleau, accompagnées d'une autre sœur, qui était — comme leur mère, — dans le commerce des vieilles nippes, et tantôt de l'une, tantôt de l'autre de leurs jeunes camarades de l'Opéra. Un dimanche, je m'en souviens, elles étaient dix. Tout ce petit monde descendait carrément chez un mien ami, officier dans un régiment de la garde impériale, et s'amusait franchement, étourdiment, bruyamment, comme l'eussent fait d'innocentes pensionnaires. On se promenait en forêt dans le break du régiment, on dînait sur l'herbe, on gambadait, on jacassait, on racontait des gaudrioles; et le piquant de l'affaire, c'est que, sauf quelques bagatelles de la porte, dérobées au pied levé derrière un arbre, il ne se passait rien, mais absolument rien de... décolleté. La plupart de ces demoiselles, non majeures, étant encore censées rendre des points à Jeanne d'Arc pour la virginité, elles se surveillaient mutuellement, nous surveillaient et nous inspiraient une peur bleue de nous embarquer dans de trop graves complications... D'ailleurs, ça nous changeait, — oh! oui! — et, rien que pour la rareté du fait, ça nous divertissait follement. On se quittait bons amis, en se donnant rendez-vous à huitaine, et on rentrait chacun chez soi, très satisfait, sans le moindre poids sur la conscience, sans l'ombre d'un souci dans le cœur.

Un jour, pourtant, cela faillit se gâter. Après le départ de la petite bande, le colonel de mon ami, excellent homme, rien moins que rigide, monté comme une soupe au lait par des vieilles bigotes de la ville, manda son subordonné et, moitié plaisantant, moitié fâché, l'admonesta, dans toutes les règles, de promener publiquement, dans la voiture destinée à madame la colonelle et aux autres légitimes du corps d'officiers, « un pensionnat de jeunes personnes, probablement peu recommandables. » Puis il était en train de terminer sa harangue en infligeant au criminel quatre jours d'arrêt, lorsque le susdit, d'un air contrit, se mit à répliquer :

— Mon colonel, ça tombe bien mal ! Pour une fois que je promène des... vestales, ce qui n'est pas dans mes habitudes, je suis réprimandé. Ça ne m'arrivera plus...

Sur quoi, le brave colonel, pris d'une formidable envie de rire, se fit expliquer le phénomène par le menu, parut s'intéresser vivement au récit de mon ami, tout en ne se montrant que médiocrement convaincu, et, séance tenante, leva ses arrêts.

Seulement, il conta l'histoire à tout le corps d'officiers. Et ce que le pauvre garçon, qui avait une réputation bien établie de coureur, fut blagué !... Ce qu'on lui monta de scies sur la pureté de ses mœurs et sur les accidents qui avaient dû lui arriver pour en être réduit à une pareille extrémité!... Je renonce à le narrer. Le plus drôle est que personne, au fond, ne croyait un traître mot de ce qui était cependant la pure vérité.

LES DEUX VOLTER

Deux très jolies brunes, très demandées, très en vue, très à la mode pendant un temps et que je n'ai jamais pu distinguer l'une de l'autre. Elles me faisaient l'effet de ces *inséparables* que les camelots vendent par paires sur un petit bâton et qui, séparément, n'ont pas de raison d'être et ne signifient rien.

Charmantes, du reste, toutes deux, élégantes, attrayantes, avenantes, et des admirateurs à remuer à la pelle!

PILATTE — BARATTE — LAMY

« Le nez de Pilatte, disait un vieil abonné, rappelle ces triangles qui sont plantés au milieu d'un cadran solaire. » En tout cas, elle était maigre comme un cent de clous; bonne fille, mais danseuse d'une médiocrité reconnue, quoiqu'elle fît partie des quadrilles en vedette.

Une autre maigre, c'était Lamy. On prétendait que sa maigreur n'avait d'autre cause que son avarice passée en proverbe, et on la soupçonnait de placer son déjeuner et la moitié de son dîner à la caisse d'épargne...

Quant à Baratte, à elle seule elle eût égayé le foyer. C'était la verve, l'esprit et la méchanceté incarnés. Elle faillit être brûlée pendant une répétition, comme Emma Livry. Le feu avait pris à ses jupes, et sans M. de Saint-Georges, qui s'élança et parvint à étouffer l'incendie naissant, elle aurait certainement succombé.

Telles étaient les plus apparentes, les plus lumineuses d'entre les étoiles fixes qui brillaient au firmament chorégraphique de la rue Le Peletier.

En voyant ce qu'elles sont devenues après leur disparition totale, comment elles ont fini, ce qui saute aux yeux, c'est l'énorme proportion de celles qui, selon la sublime expression de la mère B..., ont *mal tourné*, c'est-à-dire qui se sont mariées. Et, si bizarre que cela paraisse de prime abord, rien n'est plus naturel et plus logique.

Même à l'époque essentiellement folâtre du plein éclat des beautés dont je viens de crayonner les traits, la vie d'une danseuse était, en effet, infiniment moins échevelée que ne le supposent les candides bourgeois. Les classes, les répétitions, les représentations absorbaient la plus grande partie de leurs journées et de leurs soirées. La galanterie ne pouvait donc être que l'accessoire et prenait nécessairement, dans la plupart des cas, une forme raisonnable et terre à terre. La fatigue physique des occupations régulières et obligatoires exclut la noce et la débauche bruyante; la ballerine est fatalement la plus rangée, la plus tranquille des demi-mondaines; par état, elle aspire au repos et aime son intérieur. Quoi de moins étonnant, alors, que le couronnement matrimonial de sa carrière?

Que les épiciers austères en prennent leur parti, les grandioses folies, les orgies sardanapalesques, les insolences de luxe des demoiselles du corps de ballet ne sont plus qu'une légende surannée, comme tant d'autres, et qu'il faut laisser au temps de la Guimard, de Mademoiselle Duthé et des fermiers généraux, morts et enterrés.

GIULA BARRUCCI

LES DESSOUS DE LA GALANTERIE

XIX

Rendez-vous de nobles compagnies. — Proxénétisme fin de siècle. — Ce genre d'industrie sous le second Empire. — Proxénètes du monde élégant. — Leurs rapports avec l'honorable clientèle. — L'amour à crédit. — Le plat du jour. — La mésaventure d'un oncle à héritage. — Les patriciennes du courtage galant. — Deux célébrités.

Impossible de clore la série de ces souvenirs sans donner un aperçu de la façon dont s'exerçait, sous le second Empire, le métier de la personne à qui le poète Ovide allait demander un philtre pour se faire aimer de l'infidèle Corinne et sans esquisser au moins la physionomie des dessous de la galanterie, fort différents alors de ce qu'ils sont aujourd'hui, où, à vrai dire, il n'y a plus de dessous, — tout se passant au grand jour et sans la moindre vergogne.

Le sujet est délicat. Je tâcherai de l'effleurer et

de couvrir d'une gaze protectrice, mais transparente, les tableaux par trop réalistes...

De nos jours, comme chacun le sait, on supprime volontiers les fictions ; on est pratique, on va droit au but. Les hommes, qui n'ont plus guère d'illusions, même au début de leur carrière amoureuse, trouvent inutile de perdre un temps précieux, et puéril d'employer des détours et des circonlocutions pour obtenir des faveurs qui, au bout du compte, s'achètent à beaux deniers comptants. D'autre part, les dégrafées, qui n'ont plus rien à perdre à lever le masque, se sont demandé pourquoi elles négligeraient les petits ruisseaux qui font les grandes rivières en se privant, sans nécessité, des ressources quotidiennes et commodes que leur offrent les maisons de rendez-vous. De là un premier résultat : la multiplication à l'infini de ces institutions de bienfaisance pour tous les goûts, pour toutes les bourses et sous toutes les formes... A l'heure qu'il est, il faut renoncer à les compter.

De plus, un grand nombre, un très grand nombre d'horizontales, poussant la logique jusqu'au bout, se sont dit qu'il était parfaitement niais d'abandonner à des intermédiaires, parasites et en dehors de la corporation, une notable partie de leurs petits bénéfices et elles ont trouvé plus simple, plus naturel, plus lucratif aussi de se rendre réciproquement les services intimes qu'on ne demandait autrefois qu'aux vénérables matrones de la carrière, devenues impropres au rôle actif, — le système de la mutualité appliqué à l'amour vénal !

Elles se sont donc mises, en pleine jeunesse, en pleine beauté, à cumuler les deux emplois, — ce que les joyeux viveurs de notre époque ont fortement encouragé, — et à présenter à ceux de leurs amoureux à qui elles avaient cessé de plaire de belles amies avec lesquelles, naturellement, elles partagent la recette. C'est plus malin que de rendre l'argent.

De tout cela, il est advenu que le proxénétisme est partout, que le régime de la libre concurrence a supplanté celui du monopole et que la noble profession de marchande de plaisir a singulièrement perdu de son importance et de son originalité.

Il n'en était pas de même il y a vingt-cinq ans. Les grandes courtisanes étaient tellement en évidence, tellement haut perchées, qu'elles n'avaient besoin de personne pour nouer des relations. Elles faisaient, d'ailleurs, fi des petits profits et, sauf dans quelques cas très rares, où il s'agissait, une fois par hasard, d'extorquer, sans se galvauder, la forte somme à un rastaquouère de passage, elles considéraient comme très au-dessous d'elles de négocier avec des entremetteuses.

De leur côté, les jeunes seigneurs à la mode préféraient, en général, faire leurs affaires eux-mêmes et auraient considéré comme une sorte de déchéance et d'humiliation de recourir habituellement à des moyens regardés comme peu flatteurs pour l'amour-propre. Ils ne trouvaient même pas ça amusant. En principe, il était admis, dans le monde élégant, que, lorsqu'on n'était ni vieux, ni contrefait, ni repoussant, ni tenu, pour une raison quelconque, à dissimuler outre mesure ses fredaines, on ne devait songer, sous aucun prétexte, à prendre une voie aussi dépourvue de charme et d'imprévu pour arriver à une femme, quelle qu'elle fût.

Il se rencontrait, pourtant, quelques précurseurs en avance d'une génération, qui sautaient à pieds joints par-dessus ces préjugés et qui, affichant carrément leur prédilection pour les procédés brutaux, érigeaient en système l'emploi d'une messagère officieuse. Mais on les citait comme des exceptions et ils scandalisaient prodigieusement les raffinés, à cheval sur les principes de la galanterie élégante et du bel air.

Un soir, au club, j'ai assisté à l'entretien de l'un d'entre eux, presque imberbe, avec un vieux beau qui le questionnait sur ses amours, et je vois encore la stupéfaction indignée de ce dernier.

Le jeune homme se répandait en descriptions enthousiastes sur une artiste lyrique en vedette, qui avait la réputation d'être, jusqu'alors, invulnérable, et assurait, dans un langage passionné, qu'il en était éperdument épris.

— Et qu'avez-vous fait, lui dit l'autre, pour lui manifester votre sentiment ?

— Je lui ai envoyé... une procureuse. Il est vrai que cela n'a servi à rien...

Le questionneur n'en revenait pas et racontait l'anecdote à ses amis comme la chose la plus inouïe qu'il fût possible d'imaginer.

Restait donc, pour alimenter la clientèle masculine des proxénètes, un clan assez restreint d'étrangers, de vieux richards paillards, honteux, réduits à se servir de ce moyen clandestin et persuasif, et de personnages dont le rang et la situation, exigeant l'ombre et le mystère, excluaient, du même coup, une longue cour et des démarches personnelles de nature à trop faire jaser les badauds.

Aussi, n'y en avait-il, relativement, que fort peu, de ces marieuses de la main gauche ; une douzaine, peut-être, — de présentables pour les gens propres, s'entend, — toutes connues, étiquetées, protégées, solidement établies et se partageant en deux grandes catégories, ayant chacune son caractère et son fonctionnement.

Il y avait, d'abord, celle du commun des mortels, résumant le type parfait de l'entremetteuse de la haute et ne recevant qu'une compagnie triée sur le volet.

Elle avait toujours doublé le cap de la soixantaine et, ayant longtemps exercé pour son propre compte, connaissait par le menu toutes les finesses et toutes les subtilités de *la partie*. Obséquieuse et prévenante envers ces messieurs, serviable et affable envers ces dames, elle savait par cœur ou devinait les goûts, les manies, les vices, les exigences, la fortune, la générosité ou l'avarice des premiers; les ressources, les aptitudes, les besoins des secondes.

Logée, invariablement, à un entresol ou à un premier étage d'un quartier voisin des boulevards, dans un appartement de très médiocre grandeur, et avec un mobilier qui, bien que confortable, paraîtrait mesquin et bourgeois de nos jours, elle avait une silhouette d'ouvreuse de loges, un accoutrement vieillot et négligé, et une dégaine épique qui l'eût fait reconnaître entre mille.

Horriblement industrieuse et madrée, la pourvoyeuse ordinaire du monde *select* cumulait sa profession officielle avec celles de marchande à la toilette et de prêteuse à la petite semaine; vendant à crédit des costumes, des dentelles et des bijoux aux débutantes, voire aux grandes hétaïres momentanément dans la débine; avançant à l'occasion la forte somme, avec accompagnement de quincaillerie et de lézards empaillés, à ses clients enrayés dans leurs voluptueux ébats par une culotte au baccarat.

A deux ou trois privilégiés même, des plus calés et des plus productifs, elle fournissait de la marchandise vivante, de la chair à plaisir payable à long terme et ouvrait un compte, qui n'était soldé parfois qu'au bout d'un an ou deux; les poussant ainsi à la consommation et n'oubliant pas, dans ce cas, de grossir dans une juste proportion le chiffre de l'addition.

J'en ai connu un qui était arrivé à avoir une note de vingt-cinq mille francs chez sa pourvoyeuse attitrée !...

Les habitués arrivaient chez la surintendante de leurs menus plaisirs à toute heure du jour et de la nuit, ordinairement pour un rendez-vous convenu d'avance avec une personne désignée, amenée, à grand renfort de diplomatie et de démarches de la part de l'astucieuse négociatrice et débarquant de son côté, à l'heure dite, pour disparaître aussitôt après l'entretien.

Ni ces messieurs ni ces dames ne venaient au hasard de la fourchette et ne flânaient dans la maison. La maîtresse du logis, au demeurant, eut trouvé indigne de son mérite et de la considération dont elle était entourée de réunir dans ses salons des péronnelles sans conséquence, se respectant assez peu pour courir la chance d'une rencontre problématique et d'offrir à ses augustes clients des objets d'occasion. Elle se flattait de ne travailler que sur commande...

Souvent, néanmoins, elle avait auprès d'elle un en-cas, composé d'une ou deux intimes sans grand relief, qui étaient temporairement ses obligées et qu'elle retenait en prévision de la visite inopinée d'un consommateur pressé, arrivant tout chaud, tout bouillant, de la campagne ou de la chasse. On appelait ça *le plat du jour*.

Un de mes amis me racontait, à ce propos, qu'une après-midi, s'étant fourvoyé chez la plus renommée des proxénètes de l'époque, au moment où, après un duo bien senti, il se disposait à s'en aller, il entendit dans la pièce voisine une voix, qu'il reconnut aussitôt pour être celle de son vieil oncle à héritage, criant très haut, discutant avec une animation extraordinaire et tremblant de colère :

— Non, non, disait la voix, c'est dégoûtant ! On ne fait pas de ces choses-là. Que tu la donnes quand on te la demande, passe encore ; mais, sacrebleu, je ne veux pas que tu la f..... dans le plat du jour !...

L'autre variété de commissionnaire d'amour, c'était *l'officieuse*, grande cocotte sur le retour, pas complètement retraitée toutefois, riche, intrigante, avec de puissants appuis, tenant maison ouverte; ou femme du monde déclassée, parvenue à l'âge où on ne peut plus opérer soi-même et profitant de ses relations pour se créer un entourage agréable et lucratif.

Celle-là ne tenait point boutique ouverte. Elle procédait en amateur, sous le manteau de la cheminée, sans avoir l'air d'y toucher, sous couleur d'avoir un salon, de réunir des hommes d'esprit et des personnalités influentes. Elle ne daignait s'occuper que des toutes grosses affaires et ne prêtait guère son ministère qu'à des princes du sang, à des ministres, à des grands financiers hors de pair, qui tous l'honoraient ouvertement de leur amitié et de leur confiance.

Son truc était bien simple : il consistait à mettre en rapports, par des dîners, des réceptions, des réunions intimes, la crème des femmes légères, le dessus du panier de la galanterie féminine avec ses invités du sexe laid, à dresser secrètement toutes les batteries, à intervenir adroitement au moment psychologique et à devenir ensuite la confidente des deux parties.

On n'en comptait que deux ou trois, tout au plus, de ces patriciennes du courtage d'amour. Deux surtout eurent une renommée extraordinaire et parvinrent à une grande célébrité.

L'une, une horizontale de haute marque, prodigieusement adroite, remplie d'esprit et de méchanceté, mêlée à toutes les intrigues et à toutes les aventures clandestines de son temps, intimement liée avec quantité de gros bonnets du gouvernement, faisait beaucoup parler d'elle et était redoutée comme la peste.

L'autre, légitimement mariée et portant un nom connu, conservant encore de beaux restes après avoir été superbe, intelligente, captivante, aimable, s'agitait plus modestement et faisait moins de bruit.

Toutes deux étaient en étroite intimité et en relations suivies avec un très proche parent du souverain.

FIN

TABLE ALPHABÉTIQUE

DES NOMS CITÉS DANS LE VOLUME

A

Achille, 31.
Alexandre (Blanche), 269.
Alice la Provençale, 68.
Ango (baronne d'), 123.
Angeville (Pauline d'), 101, 103.
Antigny (Blanche d'), 176, 188, 189, 190, 191.

B

Baratte, 275.
Barucci (Giulia), 5, 8, 9, 10, 11, 12, 13, 14, 15, 20, 27, 31, 33, 51, 103.
Beau (Juliette), 4, 20, 91.
Beaugrand (Léontine), 240, 241.

Bellengé (Marguerite), 5, 33, 36, 37, 38, 39.
Bertier (Charlotte), 125.
Bizet, 196.
Bouffar (Zulma), 176, 194.
Brache (Coralie), 219, 270.
Brache (Malvina) 219, 271, 272.

C

Calzado, 14.
Capoul, 139.
Carabin, 241.
Carignan (prince de), 91, 106.
Catinette, 5, 33, 39, 51.
Cellarius, 92.
Collier (Francine), 250.
Charlies, 80.

Chruch (Emma), 52.
Constance, 20.
Cortès, 129.
Courtois (Adèle), 4, 20, 21, 22, 85.
Croniso, 20.

D

Délion (Anna), 4, 20, 51.
Dolval, 201.
Deschamps (Rose), 186.
Desclée, 172, 173.
Desroches (Jeanne), 121, 122.
Drake (Juliette), 115, 117.
Drake (Marie), 115, 116, 117.
Duclérè, 52.
Duparc (Esther), 5, 20, 33, 34, 95, 257.

E

Elluini (Gabrielle), 207.
Ernest, 50, 51, 58.

F

Faure, 139.
Fereira (Judith), 162, 163.
Fiocre (Eugénie), 251, 252.
Fiocre (Louise), 210, 254, 255.
Fonta (Laure), 210, 238, 239, 240.

G

Garnier, 186.
Gervais, 187.
Gioja, 119, 120.

Goulue, 69.
Grille d'Egout, 69.

H

Halévy (Ludovic), 196, 215, 268.
Hassé (Caroline), 20, 63.
Hérivaux, 210, 257, 258, 259.
Hervé, 176, 188.
Houssaye (Arsène), 71.

I

Isabelle, 49, 209.

J

Jarny (Marguerite de), 99, \, 100, 101, 102.
Jeanne la Folle, 107, 108, 109, 110, 111.
Joseph, 59.

K

Kaulla (Lucie de), 80, 81, 82.
Keller (Emilie), 61, 104, 105, 106, 107.
Keller (Honorine), 61, 106, 107.

L

Laborde, 62.
Legier (Suzanne), 208.
Lamy, 274.
Lasseny, 106, 107, 109.
Latour (Amélie), 109.
Laurent, 203.

Leblanc (Léonide), 146, 147, 154, 155.
Lecocq, 176.
Léon (Rosalie), 93.
Léotard, 139.
Letessier (Caroline), 60, 164.
Lioutet (Juliette), 300.
Livry (Emma), 237, 238, 275.

M

Malot, 219, 266, 267.
Mangin (Lucile), 5, 20, 33, 85, 86, 87.
Manvoy (Athalie), 159, 160, 161.
Marconnay, 249.
Maréchal, 186.
Marié (Paola), 203.
Marquet, 219, 255, 256.
Marrast (Armand), 100.
Martine, 168.
Massin (Léontine), 169, 170, 171.
Meilhac, 196.
Merante, 219, 247.
Mercier (Pauline), 219, 243, 244.
Mikaëlis (Anna).
Molder, 124, 125.
Montaland (Cé'ine) 146, 147, 152, 153.
Montaubry, 219, 245, 246.
Montigny, 170.
Morando, 243.
Morny (duc de), 160, 227.

Musard (Mme), 73, 74, 75, 76, 77, 78, 79, 80.

N

Napoléon III, 37, 39.
Neveu (Hortense), 171.
Nicolini, 139.
Nilsson (Christine), 225.

O

Offenbach, 92, 175, 176, 177.

P

Parent (Adèle), 205, 206.
Parent (Lise), 219, 204, 205.
Paurelle (Elmire), 184, 185, 187.
Pearl (Cora), 20, 52, 53, 54, 55, 94, 114.
Pembroke (lord), 80.
Pierson (Blanche), 146, 147, 148, 149.
Pilatte, 274.
Pillevois, 261.
Poinet (Laure), 238.

R

Remy (Adèle), 5, 20, 87.
Renoul, 52.
Rezuche (Constance), 4, 39.
Righetti, 249.
Rigolboche, 68, 69.
Riquoy, 219, 218, 249.

Roqueplan (Nestor), 180, 227.
Rousseau, 200.
Rust (Anna), 260

S

Saint-Georges (M. de), 275.
Saulavillo, 244.
Schlosser, 210, 247, 248.
Schneider (Hortense), 176, 177, 178, 179, 180, 181, 182.
Skittels, 114.
Silly, 200.
Simon, 260.
Soubise, 5, 20, 97.
Stoïkoff, 210, 242.

T

Taglioni, 240.

Tautin, 176, 182, 184.
Theresa, 203.
Thibert, 260.
Troisvallets, 210, 260.

V

Vally (Emma), 5, 96.
Vanghel, 103.
Villeroy, 208.
Volter, 210, 274.

W

Williams (Emilie), 85, 105, 106.
Worth, 19.

Z

Zaza, 208.

TABLE DES MATIÈRES

LES GRANDES COURTISANES

I

Les grandes cocottes des années de corruption. — Le salon d'Adèle Courtois. — Influence d'une génération d'hommes à la mode sur les grandes courtisanes de l'époque. — Leurs procédés avec le sexe laid. — Aphorisme rempli d'astuce de l'une d'entre elles. — Giulia Barucci. — Influence d'un collier de perles sur un étudiant. — Barucci et les militaires. — Une revue fantaisiste au camp de Châlons. — Nuits orageuses. — Le numéro 124 de l'avenue des Champs-Élysées. 3

II

L'existence des grandes cocottes. Leurs toilettes; leurs équipages; leur train de maison. — Adèle Courtois. — Curieux entretien. — Les protecteurs sérieux et la brillante jeunesse. — Les mésaventures d'un amant sérieux. — Giulia Barucci et les madones italiennes. — Courtisanes et rastaquouères. 17

III

La journée de ces dames. — Une piquante rencontre à la Librairie Nouvelle. — Les grandes courtisanes à l'avenue de la Motte-Piquet. — Un caravansérail militaire. — Fêtes à tout casser. — Histoire d'un colonel d'infanterie et d'une procession peu orthodoxe. — Une belle famille. — Esther Duparc. — Son opinion sur les viveurs. — Constance Réznche. — Marguerite Bellongé. — Comme quoi le hasard fait quelquefois bien les choses. — Liaison de la belle Margot avec l'empereur. — Catinette. — Une paire de chevaux à bon marché. — Boutades d'un drôle de corps 20

IV

Les soirées d'hiver de ces dames. — Le spectacle. — Une lune de miel dans une avant-scène. — Comment on se fait expulser d'une loge. — Après minuit. — Le Grand 16 au café Anglais. — Une odalisque sans préjugés. — Ernest. — Les habituées du *Grand 16*. — Anna Déllon. — Elle donne son nom à un plat de pommes de terre. — Cora Pearl. — Comptabilité en partie triple. — *Kioupidon*. — Un mot sanglant d'une camarade. 43

V

Apparition d'une nouvelle couche de viveurs. — Le Six de la Maison Dorée. — Sa physionomie. — Origine de l'expression : *poser un lapin*. — Les habituées du *Six*. — Caroline Letessier. — Collarius et Laborde. — Caroline Hassé. — Admirable trait de dévouement de Cora Pearl. — Chez Markowski. — *L'hôtel de Rambouillet*. — Réceptions naturalistes. — Le faux sourd ou le beau sexe mystifié. — Bals costumés aux *Frères Provençaux*. — Mabille. — Les étoiles du cancan. — Le château des Fleurs. — Le bal Morel. 87

VI

Les demi-castors. — Une coterie de demi-castors. — Madame Musard. — Ses débuts. — Une maison très gaie. — Equipage improvisé. — L'entrevue de Bade. — De l'influence d'un paquet d'actions sur une existence. — Lucy de Kaulla. — Un magasin de modes à Saint-Pétersbourg. — Vieux ministre et femme remuante. — Anna Mikaëlis... 71

VII

Silhouettes de demi-mondaines. — Luelle Mangin. — Une villa à la Malmaison. — Adèle Rémy. — Histoire d'une escarpolette et d'un jardinier. — Juliette Beau. — Un roman qui finit bien. — Rosalie Léon. — Un dénouement doublement tragique. — Soubise.......................... 85

VIII

Autres silhouettes de demi-mondaines. — Marguerite de Jarny. — Un duel amoureux. — Pauline d'Angeville. — Un pari phénoménal. — Emilie Williams. — Jeanne la Folle. — Amour et poignard. — Les tribulations d'un fiancé. — Une soirée infernale. — Crénisse. — Des armes parlantes. — Skittels. — Les deux Drake. — Une maison fantastique. — L'Aiguilleuse. — Gloja. — Joanne Desroches. — Conversation intime de deux Lesbiennes en cabinet particulier. — Cordés. — La Baronne d'Ange. — Moldor. — Charlotte Bertier......................... 99

IX

Les amants de ces dames. — Les hommes à la mode du second Empire. — Les cocodès et les cocodettes. — Le duo de G...t-C....o. — La Garde Impériale. — Rapports de ces messieurs avec ces dames. — Les amants sérieux. — Les autres cabotins et hommes d'argent.............. 127

LES ACTRICES

X

Les Actrices. — Les Théâtres de genre sous le second Empire. — Un trio d'enchanteresses. — Blanche Pierson. — La bagarre du *Cotillon*. — M. de Morny et les manifestants. — Un duo porté en triomphe par la foule. — Un vieux gentilhomme au *violon*. — Invention géniale d'un jeune seigneur pour se faire payer ses dettes. — Céline Montaland. — Les inconvénients du massacre. — Léonide Leblanc. — Sa conversion et son apostolat. — Léonide Leblanc au conseil de guerre... 143

XI

Comédiennes. — Athalie Manvoy. — Une mère d'actrice révolutionnaire. — Judith Ferreira. — Chef d'orchestre séducteur. — Emilie Keller. — A Turin. — Prince et comédiennes. — Martine. — Léontine Massin. — Un mot de Théodore Barrière. — Hortense Nevou. — Desolée... 159

XII

L'opérette. — Offenbach et Hervé. — Hortense Schneider. *Mimi Bamboche*. — *La Belle Hélène*. — *La Grande-Duchesse*. — Souper impérial. — Triste fin d'un amoureux précoce. — Léa Tautin. — Elmire Paurelle. — Une première à sensation. — Les trois Vénus. — Blanche d'Antigny. — *Le Petit Faust*. — Les soupers de la rue Lord-Byron. — Candide jouvenceau............ 175

XIII

Vanghel. — Zulma Bouffar. — A la cravache. — Lasseny. — Anecdote réaliste. — Silly. — Delval. — Paola Marié. — Histoire d'un portefeuille et d'un rastaquouère. — Thérésa. — Gabrielle Ellulsi. — Suzanne Lagier. — Isabelle la Bouquetière............ 193

LES COULISSES DE L'OPÉRA

XIV

Les coulisses de l'Opéra. — Le foyer de la danse. — Les habitués des coulisses. — Ludovic Halévy. — Mesdames les mères. — La sortie des artistes. — Un coupé criminel. — Ces demoiselles du corps de ballet. 213

XV

Messieurs les abonnés. — Le mot de la fin de l'un d'entre eux. — Les loges du Jockey-Club et de l'Union. — Les débuts de Christine Nilsson. — Croquis de quelques pontifes de l'abonnement. — La nuit du coup d'État. — Le clan de la jeunesse dorée. — Enlèvement de deux sœurs. — Siège et capitulation. 223

XVI

Portrait à la plume. — Emma Livry. — Laure Fonta. — Léontine Beaugrand. — Carabin. — Stoïkoff. — Morando. — Pauline Mercier. — Sanlaville. — Montaubry. — Méranto. — Schlosser. — Riquoy. — Marconnay. . . 237

XVII

Eugénie Fiocre. — Opulence et littérature. — Louise Fiocre. — Les trois Mousquetaires. — Marquet. — Un incident au bal de l'Opéra. — Hérivaux. — Un dîner champêtre à Fontainebleau. — Le mot de la fin. — Troisvalets. — Francine Cellier. — Pillevois. — Histoire d'un ministre et d'une ingénue. 251

XVIII

Laurent. — Lise Parent. — Adèle Parent. — Un déjeuner au ministère d'État. — Malot. — Amour et revolver. — Coffres-forts trop bien fermés. — Villeroy. — Blanche Alexandre. — Corallo et Malvina Brache. — Aventure de cinq vierges et d'un break de régiment. — Les Volter. — Pilatte, Baratte, Lamy. — Ce que sont devenues toutes ces étoiles. — Plus de fermiers généraux. . . . 263

LES DESSOUS DE LA GALANTERIE

XIX

Rendez-vous de nobles compagnies. — Proxénétisme fin de siècle. — Ce genre d'industrie sous le second Empire. — Proxénètes du monde élégant. — Leurs rapports avec l'honorable clientèle. — L'amour à crédit. — Le plat du jour. — La mésaventure d'un oncle à héritage. — Les patriciennes du courtage galant. — Deux célébrités. 279

TABLE ALPHABÉTIQUE DES NOMS CITÉS DANS LE VOLUME. 289

ÉMILE COLIN — IMPRIMERIE DE LAGNY

JUDITH FEREIRA

www.ingramcontent.com/pod-product-compliance
Lightning Source LLC
Chambersburg PA
CBHW071521160426
43196CB00010B/1599